BENJAMIN RAHN

ROCK
HAPPY
FINDE
UNGLAUBLICHE
CHANCEN IN DEINER
KRISE

novum ◢ pro

Dieses Buch ist auch als
e-book
erhältlich.

© 2025 novum publishing gmbh
Rathausgasse 73, A-7311 Neckenmarkt
office@novumverlag.com

ISBN 978-3-7116-0211-4
Lektorat: Andrea Sprenger
Umschlagabbilung: Benjamin Rahn
Umschlaggestaltung, Layout & Satz:
novum Verlag
Innenabbildungen: Benjamin Rahn;
S. 16: von Benjamin Rahn mit dem
Programm Adobe Firefly gestaltet

Die vom Autor zur Verfügung gestellten
Abbildungen wurden in der bestmög-
lichen Qualität gedruckt.

www.novumverlag.com

Druckprodukt mit finanziellem
Klimabeitrag
ClimatePartner.com/16547-2311-1001

Meinen Töchtern gewidmet

Inhaltsverzeichnis

Rock happy: Finde unglaubliche Chancen in deiner Krise

„Oh nein, nicht noch ein Selbsthilfebuch", werden die einen denken, während sich andere beim Griff ins (virtuelle) Regal dachten: „Vielleicht hilft mir das ja endlich." So oder so freue ich mich, dass Sie dieses Buch in Händen halten und mir somit einen Vertrauensvorschuss gewähren. Herzlichen Dank dafür!

Wir haben eine Reise vor uns, die persönlicher nicht sein könnte. Von schweren Schicksalsschlägen hin zu Verarbeitungs- und Abwehrmechanismen sowie persönlichen Glaubensmustern haben wir einige Themenblöcke auf unserer Route. Die nachfolgenden Seiten werden Sie teils mehr oder weniger berühren, je nachdem, in welcher Situation Sie sich befinden. Sie sind für Menschen wie Sie geschrieben. Menschen, die nach Antworten suchen. Menschen, die sich allzu oft im Leben die Frage stellten: **„Warum ausgerechnet ich?"**

Nein, ich bin kein geläuterter Manager, der in seinen späteren Berufsjahren nach einem Burnout erleuchtet aus einem indischen Ashram zurückkehrt, jetzt eine Praxis für „High Performance Coaching" hat und aus Marketinggründen schnell ein Buch zum Thema veröffentlicht. Ich stehe mit Anfang vierzig mitten im Leben, führe ein bürgerliches Leben und habe eine wundervolle kleine Familie. Und ich habe zwar einen anstrengenden, aber tollen und sinnstiftenden Beruf als Geschäftsführer und Vorstand einer Organisation, dessen Kernaufgabe die Inklusion psychisch kranker Menschen ist. Keine Sorge: Die Seriosität und der Konservatismus, die man solchen Positionen zuschreibt, werden sich in den nachfolgenden Zeilen nicht widerspiegeln, versprochen.

Die Idee zu diesem Buch entstand bereits während meines Studiums, festigte sich aber aus meiner Lehrveranstaltung „Psychosoziale Krisenintervention", die ich einige Jahre an der Evangelischen Hochschule in Nürnberg hielt. Das Buch hat sowohl einen theoretischen Unterbau sowie einen Bezug zu meiner beruflichen Erfahrung in der Begleitung von Krisen. Wenngleich ich diese intensive und fordernde Krisenarbeit nicht lange und nur punktuell gemacht habe und mich mehr dem Management und der Organisationsentwicklung zuwandte, konnte ich nebenberuflich in Coachings vorwiegend berufliche, aber auch persönliche Krisen begleiten und freute mich, wenn jemand dadurch vorankam.

Ich selbst hatte im Leben einige Unterstützer, die mir Wege bereiteten, sowie Freundinnen und Freunde, die für mich da waren, wenn es schwer wurde. Das vorliegende Buch ist also eine Wertschätzung für diese Menschen, die sich alle direkt angesprochen fühlen dürfen, wenn sie dieses Exemplar in Händen halten. Und wenn es mir einmal nicht so gut ging, griff ich selbst zu Büchern wie diesem hier und kam so zu neuen Erkenntnissen.

Der Titel des Buches ist eine kleine Hommage an eine Dorfdisco, in der ich als Jugendlicher viel Zeit mit meinen Freunden an den Wochenenden verbrachte. Im „Happy Rock" trafen sich alle, die sonst nirgends hinkamen oder für die alles andere zu weit entfernt war. Wie der Name erahnen lässt, lief vorwiegend Rockmusik. Der Laden war trashig und irgendwie trotzdem schön, weil eben sehr viele Bekannte dort waren. Zu dem Untertitel inspirierte mich Petra Bocks „Mindfuck"-Buchreihe, deren Bücher ich im Übrigen uneingeschränkt empfehlen kann. Ich suchte nach einem griffigen Akronym, das Lust auf mehr macht. Nicht ganz wissenschaftlich, aber durchaus ansprechend, nicht wahr? Wie Sie richtig erahnen, schreibe ich hier gerne so, wie ich rede und denke. Um dabei nahe am Leser zu bleiben, habe ich mich dazu entschieden, das formelle „Sie" für dieses Buch ad acta zu legen, und rede dich ab jetzt mit einem ebenso höflichen „Du" an. Denn persönliche Themen bearbeite ich gerne auf einer persönlichen Ebene. Wäre bei so schwerer Kost eine formelle Anrede wirklich passend?

Ich lade dich auf eine Reise durch die in der Fachwelt genannten „psychosozialen Krisen" ein, bei denen es auf der einen Seite ans Eingemachte geht. Auf der anderen Seite geht es jedoch auch um die Möglichkeiten in noch so scheinbar ausweglosen Situationen. Eine notwendige Veränderung, der Verlust eines nahen Angehörigen und der Abbruch langjähriger Beziehungen finden sich in den nachfolgenden Zeilen fachlich beleuchtet, gespickt mit einer gesunden Portion Humor, wieder. Das Buch eignet sich leider nicht ganz als Fachbuch für die Hochschule, dennoch findest du am Ende eine ganze Reihe von verwendeter Literatur und Literaturempfehlungen, die hochschultauglich sind. Ich verfolge mit diesem Buch also keinen wissenschaftlichen Ansatz.

Stattdessen nehme ich dich mit auf eine persönliche Reise durch die Höhen und Tiefen des Menschseins und ich freue mich, wenn dir die kommenden Zeilen eine Hilfestellung für deine eigenen Themen oder auch deine berufliche Praxis sind.

Herzlich,
Ben

I. Intro: Persönliche Krisen verstehen

„Instrumente zum Mitnehmen"

2003. Ich schraubte gerade an meinem Computer, als das Telefon klingelte. „In den Proberaum wurde eingebrochen und einiges geklaut", hörte ich meinen Freund Mario, mit dessen Band wir uns die Räume teilten, am anderen Ende sagen. „MEINE GITAR-RE!", rief ich laut, und nachdem der Rest der Band informiert war, trafen wir uns wenig später an besagtem Proberaum mit der Polizei zur Bestandsaufnahme. Es fehlten alle Gitarren und ein Teil unseres technischen Equipments.

In einem ersten Aktionismus räumten wir alles Verbliebene aus dem Raum heraus und fuhren die paar Kabel und Stühle nach Hause. Wut, Ärger, Ohnmacht. Unsere zwar nicht besonders teuren, aber ideell wertvollen Instrumente waren weg. Eine handfeste Bandkrise.

Ich begann Songs zu schreiben über den Verlust meiner ersten E-Gitarre, verfluchte den Proberaum und war froh, dass meine Westerngitarre noch daheim war. In den darauffolgenden Tagen hatten wir nur dieses eine Thema. Wir fragten im Pfandleihhaus nach, ob dort Instrumente aufgetaucht waren und studierten die Kleinanzeigen. Dann regten wir uns über die Polizei auf, die ohnehin nichts machen würde. Wir ärgerten uns über die mangelnde Sicherung des Proberaums und die schlechten Schlösser. Die undichten und leicht zu öffnenden Fenster und überhaupt über alles. Auch über uns selbst, denn wir hätten die Gitarren auch einfach mitnehmen können nach unseren Treffen. Darüber hinaus haben wir wenige Wochen zuvor einen zwielichtigen LKW-Fahrer in den Raum gelassen, der im Industriegebiet unweit unserer Proberäume Rast machte und Lust hatte uns zuzuhören. Wir hätten auch gleich ein Schild an die Tür draußen hängen können: „Instrumente zum Mitnehmen", so dachten wir verärgert über uns.

Dann kam irgendwann der Zeitpunkt, an dem wir entscheiden mussten, wie es weitergehen soll. Mario wollte uns in dem Proberaum behalten. Nicht, weil unsere Musik besonders klangvoll war, sondern einfach, weil wir gute Freunde waren und er wusste, was er an uns hatte. Also redete er mit dem Vermieter, der unseren Ärger gut verstand und uns verschiedene

Maßnahmen durchführen ließ, wie etwa Gitter an die Fenster anzubringen. Was darauf folgte, machte uns allen wieder Spaß. Wir fuhren bei nächstbester Gelegenheit Instrumente shoppen. Zwar mit überschaubarem Budget, aber zuversichtlich, enthusiastisch und wieder gestärkt als Band. Wir räumten den Raum neu ein und die ersten Probesessions danach haben uns richtig Spaß gemacht. Letztlich hatten wir neue Instrumente, haben uns neu sortiert und haben, obwohl es zunächst nicht danach aussah, weitergemacht. Die Krise war überwunden.

Krise. Dieses Wort war damals wie heute im alltäglichen Sprachgebrauch präsent und ich selbst habe es oft einfach so gesagt. „Ich hab 'ne Krise" konnte dann „Ich bekomme keine Karten mehr für das Ärzte-Konzert" oder auch „Mein Computer braucht ein neues Mainboard" bedeuten. Wie oft spricht man diesen Begriff so unbedacht aus und wie oft hat gleichzeitig eine ernste psychische Krise für einen Menschen eine nicht unerhebliche Bedeutung. Niemand kann sich vor ihr schützen und niemand kann von sich behaupten, nie eine gehabt zu haben. Das lässt sich so deutlich sagen, weil die Psychologie sehr gut erforscht hat, dass ein Mensch im Laufe seines Lebens mehrfach Krisen durchlebt.

Eine der ersten ist die Pubertät. Man probiert vieles aus, verliebt sich zum ersten Mal und die eigenen Eltern werden besonders anstrengend. Die erste große **Lebenslaufkrise** ist da. In ihr festigen sich oder wechseln Freundschaften und Interessen gleichermaßen in rasanten Abständen. Das Abgrenzen vom Elternhaus und Ausprobieren von unterschiedlichen persönlichen Stilen in Form von Kleidung und Musik gehören dazu und markieren diesen besonderen Zeitpunkt von Heranwachsenden, der im späteren Leben in der Rückschau nur allzu nostalgisch verklärt wird. Als Teenager wissen wir nicht um die Flausen, sind unreflektiert und neurotisch egozentrisch im eigenen Kosmos kreisend. Für heranwachsende Teenager sind all diese besonderen Momente und Themen dieser Zeit Entwicklungsschritte auf dem Weg zum erwachsenen

Menschen. Vieles aus diesen Phasen, die bei den einen heftiger ausfallen und bei den anderen ruhiger, führt ein Stück mehr ins Erwachsenwerden. Manche Themen bleiben vielleicht ein Leben lang und werden in die individuelle Entwicklung integriert. Dazu gehören positive wie negative Erfahrungen.

Deine Krise

Der jugendliche Rap-Musik-Fan in übergroßen Hosen mit regelmäßig wechselnder Frisur weiß selbst nicht, dass er sich in einer der größten Veränderungen seines Lebens befindet. Deshalb ist die Beziehung zu den Eltern auch so anstrengend in dieser Zeit und erst in der Rückschau können Menschen wie ich heute sagen: „Oh Gott, was meine Eltern alles tolerieren mussten!"
Diese Beziehung kann auch das Verhalten eines Jugendlichen beeinflussen und kann zu positiven wie negativen Bewältigungsmechanismen führen. Eine Krise hat also auch mit dem Thema „Beziehung" zu tun. Die durchaus einige Jahre anhaltende Krise, die gerade zu Beginn am heftigsten ist, wenn die Hormoncocktails beginnen, den Körper zu überschwemmen, kann also auch eine positive oder negative Richtung bekommen. Jugendliche, die sich zum ersten Mal ritzen, an Suizid als Bewältigung des Konflikts mit den Eltern denken oder aus dem Elternhaus ausreißen, um auf der Straße zu leben, wären entsprechende Negativbeispiele. Eine positivere Richtung sind die üblichen Differenzen, wie mit den Eltern über die Frisur, die laute Musik oder die nicht erledigten Hausaufgaben zu streiten, um dann wieder an anderen Tagen versöhnlich zusammen shoppen zu gehen und die neueste CD von „The 2 Live Crew" von seinem naserümpfenden Papa geschenkt zu bekommen.

Eine Krise kann also unterschiedliche Richtungen annehmen. Im Gegensatz zu unserem westlichen Verständnis einer Krise, nämlich die Assoziation mit etwas grundsätzlich Negativem, ist im chinesischen Verständnis im gleichen Zuge die Chance mit bedacht:

Gefahr (wei)   *Chance (ji)*

Dass es neben der Gefahr einer negativen Entwicklung für das eigene Leben auch Chancen geben kann, hat sich zwar auch hierzulande herumgesprochen, dennoch steht bei uns die Bedrohung im Vordergrund. Dabei kommt das europäische Wort für „Krise", so wie wir es heute kennen, aus dem Altgriechischen „crisis" und steht für eine **Wende**, einen **Umschlagpunkt** oder eine **Entscheidung**. Verglichen mit dieser ursprünglichen Wortherkunft, hat das gesellschaftliche Verständnis einer Krise nicht mehr diese positive Konnotation. Das liegt vorwiegend daran, dass Menschen Veränderungen nicht gerne mögen. Ja, es gibt unterschiedliche individuelle Ausprägungen von Veränderungsakzeptanz, aber der Mensch ist ein Gewohnheitstier. Eins, das feste Strukturen und Routinen in seinem Alltag braucht, verlässliche soziale Bindungen und ein Gefühl von Sicherheit. Eine persönliche Krise zwingt den Menschen jedoch zur Anpassung seines Verhaltens, seines Denkens und Handelns. Das ist erst einmal unbequem, weil die üblichen Routinen verlassen werden müssen.

Ich lade dich deshalb auf ein schnelles und einfaches Experiment ein, das ich bei dem großartigen Mentalisten Thorsten Havener gesehen habe. Verschränke einmal die Arme, so wie du es immer machst. Achte darauf, welcher Arm unten und welcher oben liegt. Jetzt lasse die Arme wieder entspannt hängen und nimm eine Veränderung vor, indem du erneut die Arme verschränkst,

aber dieses Mal mit dem anderen Arm oben. Klappt nicht? Versuche es noch einmal – so lange, bis der andere Arm oben ist. Wie viele Ansätze hast du gebraucht, bis es geklappt hat?

Dieser scheinbar simple Vorgang erfordert schon im Kleinen einiges an Anstrengung. Wahrscheinlich hast du es ein paarmal probiert und doch wieder die alte Verschränkung gehabt, dann überlegt, deine Arme angesehen, geschmunzelt und dir gedacht: „Das kann doch nicht so schwer sein." Und als es geklappt hat, hast du es noch einmal versucht und vielleicht noch einmal und so langsam hast du eine Idee davon, worauf ich hinaus möchte. In diesem kleinen Experiment bist du körperlich gefordert, musst aktiv nachdenken und viele Male wiederholen, bevor es wie von alleine klappt. Das Ausbrechen aus gewohnten Mustern ist also offensichtlich anstrengend, kostet Zeit und Energie auf mehreren Ebenen.

Nicht deine Krise

Nicht nur deshalb ist die Gesellschaft auch von Krisen in der Welt mehr oder minder tangiert. Wenn in einem Land, weit weg auf irgendeinem Kontinent, täglich Terror herrscht, dieser aber keine Auswirkungen auf dich zu Hause in deinem Wohnzimmer hat, tangiert dich diese Krise allenfalls in Form von Betroffenheit. Vielleicht spendest du sogar etwas in der Weihnachtszeit, weil du gerne Karmapunkte sammelst. Aber richtig beeinflusst bist du dadurch nicht. Du musst nicht umdenken, brauchst kein neues Verhalten und kannst deinen Alltag weiterleben wie bisher.

Wenn aber aufgrund anderer Geschehnisse in der Welt plötzlich eine Energiekrise droht, Lebensmittel in den Supermärkten knapp werden oder die Stromkosten sprichwörtlich explodieren, betrifft es dich. Vielleicht hast du schnell ein paar Solarpanels an deinem Balkon oder auf dem Dach angebracht. Oder du hast die Heizung im Winter heruntergedreht und dir wirklich einen Pulli mehr angezogen und dich mit Waschlappen gewaschen statt zu duschen, so wie von Politikern vorgeschlagen. Vielleicht, und das möchte ich dir nicht unterstellen, aber ich kenne dich nicht persönlich, hast du dir sogar in deinem sozialen Umfeld (online wie offline) Luft über deinen Unmut gemacht und die Politik beschuldigt, falsch zu handeln. Der **Zwang zur Anpassung** und das gleichzeitige Gefühl **ausgeliefert zu sein**, ist eine Ohnmachtserfahrung, die sich wahlweise in Hass, Schuldzuweisungen oder Resignation äußern kann. Es ist weniger anstrengend, die Negativität nach außen zu verlagern, als sich selbst aktiv und bewusst zu verändern.

Eine Krise

„Menschen geraten in eine Krise, wenn sie durch bestimmte Ereignisse, Erlebnisse oder Veränderungen so umfassend und belastend in Mitleidenschaft gezogen werden, dass der Fortgang ihres bisherigen Erlebens und Handelns unterbrochen wird." In dieser Beschreibung von Margret Dross (2001, S. 10) findet sich die Unterbrechung der bisherigen Lebens-Routinen eines Menschen wieder.

Im Umkehrschluss bedeutet es, wenn alle deine Pläne und Erwartungen im Leben immer aufgingen, wurdest du nicht in irgendeiner Weise belastend in deinem bisherigen Handeln und Erleben unterbrochen. Sofern du nicht unter Stoikern[1] aufgewachsen bist, vermute ich jedoch ganz stark, dass das nicht der Fall ist, und es hat vermutlich auch einen Grund, warum du diese Zeilen hier gerade liest. Wie zuvor erwähnt, gibt es kein krisenfreies Leben, denn das Leben ist progressiv und alleine durch die Entwicklungsphasen in der Lebensspanne krisenanfällig.

---

1 In der stoischen Philosophie, der Stoa, steht der Glaube an die Sinnhaftigkeit in allem im Vordergrund. Stoiker sind Personen, die scheinbar jedes Ereignis akzeptieren, egal welches Ausmaß es hat. Der Stoiker ist auf Basis seines Glaubens also jemand, der sich auch in den extremsten Situationen in Gelassenheit übt.

Wenn du nun kurz innehältst und an die Zeiten der Krisen und des Umbruchs in deinem Leben zurückdenkst, dann waren diese Phasen stets durch folgende Faktoren gekennzeichnet:

Überforderung der Bewältigungsmechanismen

Bisherige Bewältigungsstrategien funktionieren nicht mehr. Die Nutzung bestimmter Verhaltensweisen zum Abbau emotionaler Anspannung (zum Beispiel Fußballspielen, Klettern gehen, mit Freunden etwas unternehmen) bleibt ohne Wirkung.

Bedrohung der Identität

Das Ich, die eigene Wesenseinheit, ist bedroht. Sich als selbstwirksamen Menschen mit stabilen Säulen im Leben wahrzunehmen, wird brüchig und gerät ins Wanken. Ich werde zu einem späteren Zeitpunkt auf dieses Thema genauer eingehen, denn besagte Säulen tauchen in einem interessanten Konzept auf, durch das man sehr gut eine Identitätskrise erkennen und bearbeiten kann.

Emotionaler Ausnahmezustand

Es erfolgt keine bewusste Veränderung, der Zwang ist jedoch da. Das bringt einen Menschen in ein Dilemma zwischen diesen beiden Polen: Anforderung zur Veränderung versus geringe Bereitschaft dazu.

Extreme psychische Belastung (ggf. auch physisch)

Wenn die Gedanken nur um das eine Thema kreisen, ein Ausbrechen aus diesem Karussell kaum möglich und der Schlaf beeinträchtigt ist, dann greifen sowohl psychische als auch physische

Belastungsfaktoren, die sich gegenseitig verstärken (kreisende Gedanken, wenig Schlaf, schlechter körperlicher und seelischer Allgemeinzustand).

Zeitliche Begrenzung

Das ist die gute Nachricht: Eine Krise ist zeitlich begrenzt. Wenn du dich jetzt mit geschlossenen Augen hinsetzt und einmal innerlich zurückblickst, dann hast du bis heute jede Krise bewältigt. Das ist eine wichtige Ressource für deine Zukunft.

Zwang zum Fähigkeitserwerb

In der einschlägigen Fachliteratur wird auch von „Zwang zu kognitiver Umstrukturierung" gesprochen oder anders: Es ist ein Umdenken erforderlich und man benötigt neue Fähigkeiten für ein Leben nach der Krise.

Gerade die letzten beiden Punkte haben im Kontext psychiatrischer Arbeit eine besondere Relevanz. Denn wird eine Krise in einem bestimmten Zeitraum nicht bewältigt, kann sie chronisch werden, wodurch ein Mensch dauerhaft durch das Krisenereignis belastet sein kann. Das bedeutet nicht, wenn du heute dasitzt und dich noch ein Thema aus deiner Vergangenheit belastet, dass du eine chronische Krise hast. Vielmehr ist es dann so, dass Betroffene aus diesem Krisenerleben nicht mehr oder nur phasenweise herauskommen. Die Ursachen sind vielfältig und durchaus plausibel, wie etwa eine posttraumatische Belastungsstörung von Soldaten, die aus Kriegsgebieten zurückgekehrt sind. Körperliche Veränderungen, wie der Verlust von Gliedmaßen durch einen Unfall oder eine lebensbedrohliche Erkrankung, können einen Menschen jedes Mal erneut an sein Problem erinnern und es abermals durchleben lassen. Alleine deshalb ist es sinnvoll, sich in so einer Lage psychologisch eng begleiten zu lassen.

„Ein Teil der Heilung war noch immer,
geheilt werden zu wollen."
Seneca (Römischer Philosoph und Dramatiker)

Worauf dieses Zitat hindeutet, ist eine weitere Ursache: **der soziale Krankheitsgewinn**. Es gibt Menschen, die keine Lösung für ihre Situation haben möchten, was gleich mehrere Ursachen haben kann – zum Beispiel das Umsorgtwerden durch das persönliche soziale Umfeld, die ökonomische Absicherung in Form einer Erwerbsminderungsrente oder auch als Erklärung für sich selbst, warum man einer bestimmten Sache oder Aufgabe nicht nachkommen kann.

Aufgabe versus Aufgabe: Der Beziehungsabbruch

Für die genannten Kennzeichen einer Krise ist ein einseitiger Beziehungsabbruch ein gutes Beispiel. Während sich der eine Partner nur in einer schwierigen Phase der Beziehung sieht und gedanklich am Aufschwung arbeitet, zieht der andere für sich die Reißleine und gibt den Trennungswunsch bekannt, gibt die Beziehung auf. Für den verlassenen Teil, der zuvor noch Pläne zum Kitten der Beziehung machte, bedeutet das den sprichwörtlichen Boden, der unter den Füßen weggezogen wird.

Diese Formulierung beschreibt am besten das Gefühl der Ohnmacht und die damit einhergehende **Überforderung**. Was dann folgt, ist sehr individuell und kann von leisem Kopfnicken bis hin zu einem Wutanfall alles sein und zeigt damit die Intensität des **emotionalen Ausnahmezustands** mit einhergehender **psychischer Belastung** an. Letztlich ist die eigene **Identität** dahingehend in Form des „Ich als liebenswerter Mensch mit Partner" **bedroht**. Der oder die Verlassene hat dann zwar noch die Option des Versuchs, den jeweils anderen umzustimmen, in den meisten Fällen sieht er/sie sich jedoch der Anforderung für eine neue Ausrichtung des eigenen Lebens gegenüber (**Fähigkeitserwerb**), er hat eine neue Aufgabe.

Verläuft eine derartige Veränderung mit einer positiven Bewältigung (im Fachjargon „Coping"), kommt es nicht selten vor, dass Betroffene erst mit einem gewissen **zeitlichen Abstand** sagen: „Es war besser so und ich bin froh, dass er/sie den Schritt gewagt hat." Was glaubst du, wie viele Menschen mit ihrem Partner noch zusammen sind, weil sie die Veränderung fürchten? Gründe gibt es sicher vielfältige. Ein gemeinsames Haus, die Kinder, das Vermögen, die Eltern, die Zahnfee oder was auch immer. Diese Form der Abwehrmechanismen, die im Grunde nur vor der Veränderung und der Überforderung schützen sollen, werden wir uns noch an anderer Stelle ansehen.

Verstehe mich bitte richtig: Ich bin ein absoluter Fan davon, an einer Beziehung zu arbeiten, wenn es mal nicht gut läuft und auch für einen längeren Zeitraum. Wenn ich aber Menschen kennenlerne, die von fünfundzwanzig Jahren Ehe fünfzehn Jahre lang unzufrieden waren, dann bedauere ich das für diese Menschen sehr. So viel Lebenszeit in einem unglücklichen und unerfüllten Leben wegen der Angst vor der Veränderung. Ist es das wirklich wert? So viel Lebenszeit?

Es würde mich interessieren, ob es tatsächlich Untersuchungen dazu gibt. Im Rahmen der Recherchen für dieses Buch wurde ich dazu nicht fündig. Es wäre sicher eine interessante Erhebung, die wissenschaftlich recht herausfordernd sein könnte. Ich fand es schon immer spannend, dass es offensichtlich Leute gibt, die lieber im Status quo verharren und sich mit ihrer Situation abfinden, als aktiv zu werden. Dabei handeln die Menschen gegen ihre inneren Werte, gegen ihr eigentliches Sein und werden Schritt für Schritt unglücklicher.

So entstehen dann schleichend Probleme wie Depressionen oder Alkoholmissbrauch, um die inneren Spannungen und die eigenen negativen Gedanken zu dämpfen. Veränderungen können wehtun und das, obwohl wir alle wissen, dass es danach oft auch besser werden kann, weil wir etwas längst Quälendes losgeworden sind. Egal ob es der Arbeitsplatz war oder das längst fällige Gespräch mit dem Partner: Wenn der Schritt getan ist, macht sich Erleichterung breit und es öffnen sich neue Türen. Ab da entstehen viele Chancen, sich persönlich weiterzuentwickeln und an neuen Themen zu wachsen.

Persönliches Wachstum

Viele Menschen befassen sich heute mehr denn je mit ihrem persönlichen Wachstum und egal wie wir auf eine persönliche Krise blicken, wir haben die Aufgabe, uns dabei zu entwickeln. Die lebenslange Entwicklung des eigenen Ichs ist heute für die einen zu einem Instagram-Lifestyle-Zwang geworden, dem sie nicht nachgeben möchten und irgendwie trotzdem denken, es tun zu müssen. Für die anderen ist es eine Chance, Neues zu lernen und neue Inhalte in das eigene Leben zu integrieren.

Was viele schon immer wussten, zeigen die Untersuchungen der zurückliegenden Jahrzehnte: Wir Menschen haben äußerst ungern tiefgreifende persönliche Veränderungen, egal ob im beruflichen Alltag oder im privaten Umfeld. Bitte einmal deinen Partner, deinen Kleiderschrank komplett umzuräumen, verschiebe willkürlich alle Symbole auf deinem Desktop oder sortiere dein CD/DVD-Regal neu (falls du so etwas noch hast). An den darauffolgenden Tagen wirst du immer wieder in die eine Ecke greifen, in der du eigentlich das Kleidungsstück vermutest, die Symbole am falschen Ort suchen oder die CD nicht finden, obwohl du genau weißt, dass du umgeräumt hast oder umräumen hast lassen. Achte dabei auf deinen Stresspegel und überlege einmal, wie du dich mit so einer simplen Veränderung fühlst. Einige bekommen sicher beim Lesen der Zeilen schon erhöhten Puls.

Unser Gehirn funktioniert am besten in Routinen und ist auf diese Weise am effizientesten, was an sich eine gute Sache ist, uns aber auch einschränkt. Du möchtest nicht jeden Morgen nach dem Aufstehen aktiv darüber nachdenken, in welcher

Art und Weise du deine Zähne putzt oder überlegen, wo die Kaffeemaschine heute steht. Stattdessen hast du täglich in genau solchen Situationen die gleichen Abläufe, über die du nicht nachdenken musst. Es würde dein Gehirn anstrengen, ja regelrecht Unmut auslösen, müsstest du jeden Morgen die Kaffeemaschine in deiner Wohnung oder deinem Haus aufs Neue suchen müssen.

Mein Selbstversuch

Genau das habe ich vor einigen Jahren, inspiriert durch verschiedene Coachingbücher, vierzehn Tage lang probiert, um herauszufinden, wie ich selbst auf immer neue Veränderungen, seien sie noch so klein, reagieren würde. Wohlgemerkt solche, die ich selbst unmittelbar beeinflussen konnte. Bevor ich zu Bett ging, habe ich mir jeden Abend überlegt, wie ich für den kommenden Morgen meine Abläufe durchkreuzen kann. Also stellte ich den Zahnputzbecher samt Zahnbürste ins Schlafzimmer oder die Kaffeemaschine auf meinen Schreibtisch im Büro. Weitere Gegenstände folgten, sodass ich eines Morgens mein Besteck im Bad holen musste, meine Müslischüssel aus meinem Kleiderschrank oder bei einer meiner letzten Aktionen morgens auf den Dachboden gehen musste, weil ich sonst nicht mit meinem Auto hätte wegfahren können. Es waren durchaus auch witzige Aktionen, bei denen man mich nicht hätte beobachten dürfen. Denn von Fluchen bis hin zu lautem Lachen war alles dabei. Treibt man das Spiel nämlich mit zu vielen Gegenständen, so verliert man schnell den Überblick. Was dann passiert, kannst du sicher erahnen. Genau, man tut einfach nichts. Frühstück inklusive Kaffee beim Bäcker am Eck holen und daheim einfach alles so lassen. Kapitulation vor dem eigenen Daily Change! Auch das ist eine Antwort: Ändere zu viele Dinge gleichzeitig und es entsteht Chaos oder einfach nichts mehr.

Nach einer Woche

Unabhängig von dieser Erkenntnis beobachtete ich in den ersten Tagen dieser Übung meine routinierten Muster. Obwohl ich den Zahnputzbecher gleich nach dem Aufstehen aus dem Schlafzimmer hätte mitnehmen können (was ich nicht tat), ging ich nach meiner Morgendusche fluchend aus dem Bad zurück ins Schlafzimmer, um ihn zu holen. Erst einmal meckern! Bereits an diesem Tag dachte ich auf dem Weg zur Arbeit daran, das persönliche Experiment abzubrechen. Nur weil der Zahnputzbecher woanders war! Dennoch brachte ich an diesem Abend die Kaffeemaschine ins Wohnzimmer. Nicht weit weg von der Küche, wo ich stets morgens täglich meinen Kaffee durch die Maschine laufen ließ, während ich mir mein Müsli zubereitete. Nun, ich hätte natürlich schlicht und einfach die Kaffeemaschine aus dem Wohnzimmer in die Küche stellen müssen, um mir dort wie immer meinen Kaffee zu machen. Ich habe es nicht getan. Stattdessen habe ich mich wieder geärgert, mein Müsli in der Küche gegessen und bin, ohne einen Kaffee zu trinken, in die Arbeit gefahren. Immerhin konnte ich mir dort einen aus der Kantine holen. **Die Rebellion steckt im Detail!**

Nach einer Woche fiel mir auf, wie auch schon die kleinsten Veränderungen großes Unbehagen in einem auslösen können. Nach und nach gewöhnte ich mich jedoch daran, dass ich jeden Morgen irgendwo anders meine Kaffeemaschine oder mein Geschirr herholen musste, um meinen bisherigen Ablauf verfolgen zu können. Ich merkte mir im Bett, was am nächsten Morgen zu tun ist, stand auf und brachte alles schnell an seinen Platz, um dann meine bisherige Routine zu verfolgen. Ist das echte Veränderung? Nein. Warum nicht? Im Prinzip habe ich mein Gehirn mit jedem Tag mehr darauf trainiert, sich diesen Veränderungen zu stellen und es hat ganz ökonomisch gearbeitet, indem es ein neues Muster erkannte und danach handelte: Die Gegenstände einfach wieder an den Ursprung der Abläufe bringen und dann die übliche Routine vollziehen. Es musste also eine Regel her, denn das Spiel machte mir auch Spaß: Ich darf die Gegenstände nicht zurückbringen. Zähneputzen in der Küche, Kaffee machen am Schreibtisch, Müsli essen im Schlafzimmer (die Milch draußen vom Fenstersims nehmen statt aus dem Kühlschrank) und als krönenden Abschluss den Autoschlüssel auf dem Dachboden holen, damit ich endlich zur Arbeit fahren konnte. Eine lustige und auch wertvolle Erfahrung.

Fazit nach zwei Wochen

Wenn derartige, verhältnismäßig kleine Veränderungen einen zunächst durchaus wütend werden lassen, wie ist es dann erst bei einem großen persönlichen Wandel oder gar im Unternehmen, so dachte ich mir. Immerhin stand ich gerade an der Schwelle, mehr Verantwortung in meiner Organisation zu übernehmen und Veränderungen anzustoßen. Die gute Nachricht ist: Was ich im Kleinen Schritt für Schritt langsam zu meiner neuen Routine werden ließ, funktioniert ebenso im Großen. Ich habe mich abends darauf eingestellt, morgens etwas anderes zu tun als sonst und merkte, wie ich nach und nach neue Routinen erlernt hatte, die einem neuen Leitsatz folgten: **Veränderung ist mein neues Normal.** Hast du dieses Prinzip verstanden, so hast du einen der wichtigsten Grundsätze für persönliches Wachstum verinnerlicht.

Meine Erkenntnisse aus dieser Erfahrung

- Fordere dich immer wieder mit kleinen Veränderungen heraus, um auf die Großen vorbereitet zu sein.
- Veränderung ohne Widerstand ist keine Veränderung.
- Lasse Veränderung zu deiner Normalität werden.
- Ändere nicht zu viele Dinge gleichzeitig.
- Antizipiere anstehende Veränderungen.

Ein positiver Blick auf Veränderungen ist eine wichtige Ressource für persönliche Krisen und ein Baustein für deine Resilienz (dazu später mehr). Denn jede Krise fordert dich heraus. Sie verlangt geradezu nach Veränderung, nach einem Kompetenzerwerb und einem positiven Umgang damit. Passiert das nicht, schlägst du die umgekehrte Richtung ein. Sozialer Rückzug, Depression, Substanzmissbrauch, schlimmstenfalls Tod. So harsch diese Aneinanderreihung klingt, so real ist sie Tag für Tag auf der ganzen Welt. Verarbeitet ein Mensch über einen gewissen Zeitraum eine Krise nicht, so drohen die genannten Faktoren. Lass uns also gemeinsam auf das Thema der Veränderungskrisen schauen, die so häufig in einem Leben vorkommen, dass es hilfreich ist, sie zu verstehen.

Veränderungskrisen meistern

Der Wissenschaftler Gerald Caplan befasste sich in den 1960er-Jahren mit dem Verlauf der Lebensveränderungskrise. Wie das klingt: **eine Krise, die das Leben verändert!** Bezogen auf das Beispiel des Beziehungsabbruchs scheint keine Alternative zu bleiben, als das eigene Leben zu verändern. In der Formulierung hört man es heraus: Die Kunst liegt in der aktiven Veränderung. Auch wenn sie zunächst einmal von außen kommt, kannst du sofort beginnen, selbst das Ruder in die Hand zu nehmen und die Richtung, in die es gehen soll, selbst bestimmen. Nun, mir ist bewusst, dass das für jemanden in der akuten Veränderungszwang-Situation alles andere als leicht ist und ich mich während des Schreibens dieser Zeilen leicht tue, dir das so lapidar mitzuteilen. Mir persönlich hat dieses Wissen jedoch immer gut geholfen, die Dinge einordnen zu können.

Wissen hilft, sich selbst und andere besser zu verstehen und so lade ich dich ein, mit mir die Untersuchung von Caplan einmal genauer am Beispiel des **Einstiegs in den Beruf** nach der Schule oder dem Studium zu beleuchten. Er fand **vier hauptsächliche Phasen** heraus, die Menschen bei gravierenden Veränderungen durchleben.

1. **Konfrontation** mit dem Ereignis: Begegnung mit dem krisenauslösenden Ereignis und die üblichen Problemlösungsstrategien bleiben ohne Wirkung.

Du hast viele Jahre die Schulbank gedrückt oder im Anschluss noch studiert, vielleicht ein Freiwilliges Soziales Jahr absolviert und fühlst dich eigentlich gewappnet für die Arbeitswelt. In deinen ersten Tagen am neuen Arbeitsplatz bemerkst du: „Okay, die Leute sind komisch, die Arbeit ist komisch."

2. **Versagen/Überforderung:** Die Belastung wird nicht bewältigt und der Betroffene nimmt sich als versagend wahr. Der persönliche Selbstwert sinkt und die inneren Spannungen nehmen zu.
Nach einigen Wochen stellst du dir die Frage: „Bin ich komisch oder bin ich einfach nicht für die Arbeitswelt geschaffen?" Es kann sein, dass du Erkältungssymptome bekommst und dich allgemein kränklich fühlst, weil du weniger schläfst und dich die Situation belastet.

3. **Mobilisierung:** Bewältigungsstrategien werden aktiviert und haben einen offenen Ausgang. Mögliche Aktivitäten können sein, dass sich jemand auf seine Freizeitaktivitäten oder die Arbeit stürzt, mit Freunden über sein Thema spricht oder sich schlicht anderweitig ablenkt.

Du suchst in Gesprächen mit Freunden nach Antworten und sie versuchen dich zu beruhigen mit Sätzen wie: „Das ist am Anfang ganz normal" oder „Durchhalten, das wird schon".

4. Krisenbewältigung versus Vollbild der Krise

Bewältigung	Vollbild der Krise
Nach erfolgreicher Mobilisierung wird die Krise verarbeitet und es erfolgt eine Anpassung als Neuorientierung an die neuen Gegebenheiten => erfolgreiche Veränderung.	Die Bewältigungsversuche der Mobilisierungsphase funktionieren nicht und es droht das Vollbild der Krise, das Rückzug, Isolation oder die Entwicklung von Erkrankungsbildern zur Folge haben kann.
Du hältst tatsächlich durch, weil dir die Meinung deiner Freunde wichtig ist und nach einer Weile bekommst du guten Kontakt zu deinen Kolleginnen und Kollegen. Langsam kommst du nach und nach auch in die Aufgaben rein und fühlst dich nach einiger Zeit wohler und immer sicherer am Arbeitsplatz.	*Einer deiner Freunde war bereits selbst in dieser Situation und hat in der Probezeit seinen Job verloren. Seine Worte und die deiner Freunde beruhigen dich überhaupt nicht. Von Tag zu Tag wirst du ängstlicher, schläfst schlechter und hast schließlich deshalb dein erstes Kritikgespräch mit deinem Vorgesetzten. Nach dem Gespräch bist du vollends verunsichert, zweifelst an dir und deinen Kompetenzen und überlegst, selbst zu kündigen.*

Im Anschluss an das Vollbild der Krise erfolgt dann die **Bearbeitung** und dann wieder die **Neuorientierung**.

Setze gerne für dich das Thema als Beispiel ein, das dir in deiner aktuellen Situation am nächsten ist. Es könnte genauso ein Berufswechsel sein, den du selbst nach einer langjährigen Tätigkeit so wolltest und nach dem du irgendwie nicht im anderen Unternehmen ankommst. Neue Strukturen, andere Vorgesetzte und deine Rolle ist auch eine andere. Da kann es durchaus sein, dass du auch nach einem Jahr nicht Fuß fasst und dann wahlweise neue Bewerbungen schreibst und somit eine passende Bewältigungsstrategie für dich hast. Oder aber du lässt es über dich ergehen in der Hoffnung, es würde schon noch irgendwie werden. Bei dieser Strategie ist die Gefahr groß, dass du relativ schnell innerlich kündigst, bevor du in deinem Job direkt angekommen bist.

Es gibt zahlreiche weitere Beispiele für Veränderungskrisen. Hierzu gehören **die Trennung vom Lebenspartner, neue berufliche Anforderungen, die Geburt eines Kindes, ein Umzug mit Ortswechsel** oder auch **der Eintritt in die Rente**, um nur einige zu nennen. Glücklicherweise müssen nicht zwingend alle Phasen durchlaufen werden, sondern es kann zu jedem Zeitpunkt ein positiver Abschluss erfolgen, weil Bewältigungsstrategien entwickelt wurden oder man Hilfestellungen hatte.

Wurden diese Strategien einmal entwickelt, egal wie simpel sie im Nachhinein auch erscheinen mögen, schöpft ein Mensch neue Energie und kann gestärkt aus einer Krisensituation hervorgehen und sich weiterentwickeln. Wie schon angeschnitten, kann es leider auch in die andere Richtung gehen oder das Krisenerleben wiederholt sich. Immer und immer wieder die gleichen Muster, die gleichen Höllentrips und die gleichen Ergebnisse. Krise chronifiziert.

II. Bridge: Barrieren & Brüche im Lebenslauf

Herbst 2014. Meine erste Coaching-Weiterbildung ist nicht besonders lange her und ich warte aufgeregt auf eine ehemalige Studierende in einem Nürnberger Café. Angespannt gehe ich meine Notizen von unserem Telefonat noch einmal durch und versuche, mir einen roten Faden für das Gespräch zu machen.

Sie berichtete bereits am Telefon, dass sie nach ihrem letzten Semester eigentlich in den Beruf einsteigen wolle, aber das Studium, die Klienten und auch die Arbeit im Praktikum nicht besonders erbaulich fand. Genauer fand sie alles am Thema Sozialarbeit nervend und hat es nur durchgezogen, weil ihre Eltern wollten, dass sie „mal etwas fertig macht". Das habe sie dann eben auch getan und findet sich nun langsam nicht einmal imstande, ihre Bachelorarbeit zu beginnen oder sich um die Betreuung der Arbeit zu kümmern. Von mir erwartete sie, dass ich sie dazu motiviere, die Arbeit zu schreiben. Meine Nervosität meinem ersten offiziellen Coachee gegenüber verflog und ich begann zu erfragen, wie es ihr insgesamt im Studium erging, und mich interessierte durchaus, wie man es schaffen kann, ein ganzes Studium über mehrere Jahre durchzuziehen, wenn man keine Lust auf die Inhalte hat. Sie erzählte und erzählte, was mir in so einer Situation das Liebste ist. Nur so erhalte ich ausreichend Informationen und kann mir ein Bild machen. So nach und nach erhielt ich anhand mancher Formulierungen immer mehr Zugang zu ihrem Erleben und ihren Gedankengängen, an denen ich dich auszugsweise teilhaben lassen möchte. Im Laufe des Gesprächs sagte sie unter anderem folgende Sätze:

- ... und na ja, wenn man etwas anfängt, dann zieht man das auch durch, auch wenn es schwierig wird.
- Eigentlich kann ich mit anderen Menschen nichts anfangen, schon gar nicht mit Fremden.

- ... aber es war ja auch klar, warum soll bei mir auch einfach mal was reibungslos laufen?
- Nicht jeder hat die Gelegenheit zu studieren, ich bin schon froh, einen Studienplatz bekommen zu haben.
- ... dachte ich mir: „Danach hast du einen sicheren Job und musst dir keine Sorgen machen", und meine Mutter meinte das ja auch.

Lassen wir Letzteres mal mit einem Schmunzeln im Gesicht so stehen. Viel interessanter ist die Formulierung der Sätze, die du vielleicht schon einmal als „Glaubenssätze" in anderer Literatur gelesen hast. Falls ja und du dir denkst: „Nicht schon wieder Glaubenssätze", überspringe gerne die nachfolgenden Zeilen. Falls nicht, folgen nun einige Inhalte, die das Thema „Krise" nicht unerheblich begleiten.

Glaubenssätze als Barrieren

Hast du dich bei einem der genannten Sätze wiedererkannt und zugestimmt? Jeder Mensch hat diese Glaubenssätze und trägt ganze Kaskaden von Glaubensmustern mit sich herum, die einen ein Leben lang begleiten. Sie kommen, wie soll es auch anders sein, aus der Kindheit. Aus einer Zeit, in der man auf die Lenkung durch seine Eltern angewiesen ist und alles annimmt, was die eigenen Eltern sagen. Dazu gehören die guten und leider auch die weniger guten Glaubenssätze. Ein paar Beispiele:

- Wer schön sein will, muss leiden.
- Ohne Fleiß kein Preis.
- Wer nichts wird, wird Wirt.
- Ein Indianer kennt keinen Schmerz.
- Du bleibst sitzen, bis du aufgegessen hast!

Der große Nachteil der Kindheit ist die mangelnde Fähigkeit, solche Aussagen zu hinterfragen. Sicher gibt es das kindliche

„Warum?", aber auch da wissen wir, dass wir als Kinder irgendwann beim zehnten „Warum?" den Kürzeren gezogen haben. Heute wissen wir, dass wir den Teller nicht leer essen müssen, man auch mal Schmerzen haben darf und dass es ausreichend schöne Menschen gibt, die gar nicht dafür leiden mussten.

Als Kind blieb uns stattdessen nichts anderes, als die Aussagen der Eltern während unserer ersten Lebensjahre anzunehmen und in uns aufzunehmen. Mit den Jahren kommen die Lehrer in der Schule dazu, die ihr ganz eigenes Verständnis von Erziehung haben und vielleicht auch noch der Gemeindepfarrer, wenn man eher ländlich aufwächst. Im Laufe des Lebens kommen immer wieder neue Glaubenssätze hinzu, manche lassen wir vielleicht auch wieder fallen und von einer ganzen Menge wissen wir gar nichts mehr. Aber sie sind da, tief verborgen in den hintersten Windungen des Gehirns und hoch aktiv.

Zurück zu den Aussagen der Studentin. Nehmen wir „Wenn man etwas anfängt, dann macht man es auch fertig" als Beispiel. Ein absolut **limitierender Glaubenssatz**, durch den sie ein Studium absolvierte, das sie nicht mochte, für einen Job, den sie nicht machen wollte. Nicht nur ein negatives Beispiel für einen begrenzenden Glaubenssatz, sondern auch ein Rückschluss auf die Werte (Beständigkeit), die sie verinnerlichte und die natürlich von ihren Eltern, speziell ihrer Mutter, kamen.

Auf die Frage, wer das sagt, entgegnete sie ganz kühl: „Alle" und nippte an ihrem Kaffee. Natürlich habe ich es hinterfragt und weitere Fragen gestellt, die dann irgendwann zu einer Erkenntnis führten, aber den Prozess erspare ich dir an dieser Stelle. Viel wichtiger ist die Botschaft dahinter: **Glaubenssätze, die von außen kamen und die sie nicht reflektierte, führten sie in ein Leben, das sie nicht wollte.** „Alle" führen doch nicht dein Leben, „alle" müssen weder ein ungewolltes Studium durchziehen noch sich morgens deine Schuhe anziehen oder dich im Spiegel ansehen. Ab dem Zeitpunkt, wo ein Mensch verstanden hat, dass man derartige Annahmen hinterfragen und sogar ändern darf, entsteht so etwas wie mentale Freiheit. Doch warum ändern die Menschen ihre Glaubenssätze nicht, selbst wenn sie ihnen bewusst sind?

Beständigkeit?
Wegen des Urteils von anderen?
Man muss sich doch treu bleiben?

In meinem Leben bin ich mir dann treu geblieben, wenn ich mich veränderte. Und echte Veränderung ist eben auch eine Veränderung des eigenen Denkens. Hätte mir jemand in meinen Teenagerjahren gesagt, dass ich später Abi mache und studieren gehe, hätte ich mich glatt weggeschmissen.

Ich war ein Computerverrückter, wollte/sollte irgendwas (Achtung Glaubenssatz!) Kaufmännisches arbeiten, „weil einem dann alle Optionen offenstehen und man was verdient" und war gerne mit meinen Freunden, unter anderem auf LAN-Partys, unterwegs. Als ich mit vierundzwanzig Jahren nach einer zunächst nicht ganz ernst gemeinten Bewerbung tatsächlich in einem Fachmarkt für Elektronik zwei Abteilungen leiten durfte, war ich nicht nur überrascht, sondern war auch stolz. Ein halbes Jahr später hatte ich, wie auch viele andere Kollegen, annähernd zweihundert Überstunden, die uns dann gestrichen wurden. „System defekt" war die Rechtfertigung. Wie bitte?! Wir bauten eine Filiale mit auf, standen von morgens 8 Uhr bis abends 22 Uhr in einem unfertigen Laden und schafften Palette um Palette Ware in die Bereiche, machten uns zum Aufbau der Abteilungen Gedanken und am Ende? Am Ende gab es eine Eröffnungsfeier, bei der die Geschäftsführung für die Leistungen eines neuen Marktes an einem neuen Standort anerkannt und wertgeschätzt wurde. Kein Wort über die Mitarbeiter oder die Teamleiter, keine Aussage zu unseren Leistungen, die die Privatleben einiger nicht unerheblich beeinträchtigten in der Zeit des Aufbaus, der immerhin ein halbes Jahr andauerte. Jobkrise.

„Es gibt nur einen Weg, um Kritik zu vermeiden:
Nichts tun, nichts sagen, nichts sein."
Aristoteles (Griechischer Philosoph)

So entschied ich mich wenig später, doch noch studieren zu gehen und ließ die Logik das Fach entscheiden. Ich befasste mich seit meiner frühen Kindheit mit Computern, habe sie verkauft und repariert, kaufmännische Aus- und Weiterbildung im IT-Bereich, da bleibt eigentlich nur Wirtschaftsinformatik, wenn man nicht wieder nur langweiligen BWL-Stumpfsinn hören möchte – so dachte ich. Rückwirkend gesehen keine besonders gute Logik, denn wie soll es auch anders sein, hat man in Informatik sehr viele verschiedene Vorlesungen und Seminare im Fachbereich Mathematik. Kein normales Mathe, das zum Abi hin schon merkwürdig wurde, sondern fünf verschiedene Fächer und zugehörige Tutorien. Wenn man in der Schule also nicht ein bisschen Affinität zur Mathematik hatte, eine schlechte Entscheidung.

Zu meiner Verteidigung: Ich hatte mich natürlich im Vorfeld informiert und die Fächer hatten damals Bezeichnungen wie unter anderem „Hardware und Systeme". Es war also nicht ganz offensichtlich, dass sich dahinter zwei Fächer Mathematik verbargen. Sicher hätte ich durchaus vorher ein paar detailliertere Recherchen anstellen können, aber ich hatte zwei andere dominante Motive. Erstens wollte ich endlich mal zumindest eine Zeit lang aus dem Ort raus, in dem ich aufgewachsen war und ich wollte unbedingt weiter weg studieren. Nachdem mir bereits nach einigen Wochen dämmerte, dass es wohl eher eine Schnapsidee gewesen war, sich für dieses Studium einzuschreiben, kamen bei mir ähnliche Glaubenssätze hoch, die ich viele Jahre später bei dem zuvor erwähnten Coachinggespräch hören sollte:

• Mach das doch fertig, du bist ja auch schon alt genug.
• Damit verdient man wenigstens Geld am Ende.
• Dann fokussiere dich eben auf den BWL-Teil und durch Informatik mogelst du dich irgendwie durch.

Nein. Keine zwei Semester habe ich es ausgehalten und ich war dankbar, dass ich keine limitierenden Glaubenssätze durch meine Eltern hatte, die mich daran hinderten, abermals das Blatt zu wenden. Dennoch wollte ich langsam Gewissheit für mein berufliches Leben haben und wissen, wohin die Zukunft führt. Also entschied ich mich nach einem Sommersemester am und im Bodensee, Wirtschaftsinformatik auf keinen Fall weiter zu studieren und nutzte die Zeit tagsüber, mir einen Überblick über Studiengänge zu verschaffen, die mich persönlich wirklich interessierten.

An manchen Tagen setzte ich mich als Gasthörer in Vorlesungen verschiedener Fächer. Maschinenbau und Informatik hatte ich dann mittlerweile doch kategorisch ausgeschlossen. Ich hörte mir Soziologie an, was ich wirklich spannend fand, saß in Psychologievorlesungen, von denen ich völlig falsche Vorstellungen hatte und bekam einen kurzen Einblick in Pädagogik-Vorlesungen. Natürlich gab ich auch noch einmal der Betriebswirtschaft als Studienfach eine Chance, aber viele Jahre der Ausbildung und der Auseinandersetzung mit Kostenstellen-, Kostenarten- und Kostenträgerrechnung hatten ihre Spuren der gähnenden Langeweile hinterlassen. Sprachen hätten mich noch interessiert, aber mir war auch nicht ganz klar, was man damit dann am Ende macht.

Im Anschluss an meine diesmal gründlicheren Recherchen blieben Soziologie und Pädagogik in der engeren Auswahl. Mittlerweile hatte ich auch ziemliches Heimweh entwickelt und wollte näher bei meiner Familie, meinen Freunden und unserem damaligen Proberaum sein. So fiel die nächste Wahl auf Nürnberg, nahe der Oberpfalz, aber dennoch mit gesunder Distanz. Ich rief bei der Studienberatung an und schilderte mein Dilemma. Offenbar eine Sozialpädagogin am Telefon, kicherte sie in den Hörer und sagte wörtlich: „Studieren Sie doch Sozialpädagogik. Da haben Sie Soziologie, Psychologie und Pädagogik, machen aber nichts davon in die Tiefe, es sei denn, Sie entscheiden sich für einen Schwerpunkt." *„Okay"*, dachte ich. *„Ich und Sozialpädagogik – klingt ein wenig sehr abwegig, gar abgefahren."*

Dennoch las ich mich in die Themen „Soziale Arbeit" und „Sozialpädagogik" genauer ein, habe Tests dazu gemacht und festgestellt, dass es zumindest ein breiteres Berufsfeld ist, als ich vorher dachte. Wieso auch nicht? Natürlich hatte ich bei dem Studienfach sofort, wie wahrscheinlich 80 % der Gesellschaft auch, einen sandalentragenden Hippie mit Batik-T-Shirt vor meinem geistigen Auge, der irgendwie alles „ganz okay" findet. Ja, einige wenige davon gibt es noch. Aber wie in der Betriebswirtschaft auch kommt es darauf an, wie man sein Studium ausrichtet und was man dann damit macht. Ein Betriebswirt kann nach seinem Abschluss ein Projekt am Amazonas starten, um den Regenwald zu retten oder Berater für Business-Intelligence-Lösungen im Bankensektor werden. So können Sozialpädagogen in die Straßensozialarbeit „Streetwork" gehen und Obdachlosen mit niedrigschwelligen Angeboten helfen oder als Organisationsentwickler Unternehmen bei der Restrukturierung begleiten sowie Personalberater werden.

Ich entschied mich also nach Jahren der Wirtschaft und des Computer-Nerd-Daseins für ein Fach, das mir vermutlich niemand zugeschrieben hätte. Tatsächlich begann eine Art Spießrutenlauf, wie ich ihn nicht erwartet hätte. Die ersten Reaktionen waren Sprichwörter wie: „Schuster, bleib bei deinen Leisten" und dergleichen. Meine besten Freunde fragten mich, ob ich das ernst meine oder ob ich sie foppen will, weil ich längst für BWL eingeschrieben war. Meine damalige Freundin fragte mich mehrmals, warum ich ausgerechnet DIESES Fach studieren möchte. Meine Antwort auf die Fragen und Aussagen war stets die Gleiche: **„Weil ich das möchte."**

Unabhängig von den Zweifeln, die ich selbst hatte, regte sich in mir auch langsam eine „Jetzt-erst-recht"-Rebellion, die mich wiederum in meinem Vorhaben bestärkte. Vor allem trieb mich der Glaubenssatz um: „Wenn du was Soziales studierst, verdienst du nie Geld", was mich zeitweise fast zum Kippen in Richtung eines BWL-Studiums brachte.

Ein Telefonat mit einem ehemaligen Kollegen und Freund aus meiner Ausbildungszeit brachte mir die entsprechende Gegenphrase zu „Schuster, bleib bei deinen Leisten", als er sinngemäß sagte: **„Ja, das stimmt schon. Aber auch nur, wenn man glaubt, fertiger Schuster zu sein".**

Ich begann also eine neue „Schusterlehre" und dachte nach der ersten Vorlesung Wissenschaftstheorie, in der es um Karl Poppers Falsifikationsprinzip ging, dass ich vielleicht doch nicht für ein Studium geeignet bin. Wie mir ging es Gott sei Dank anderen auch und so gab ich dem Ganzen eine Chance. Denn die Themen waren durchaus interessant und vor allem völlig neu für mich. Nichts davon hatte ich zuvor gehört. Besagte Wissenschaftstheorie brachte uns erst einmal alle auf Spur im Hinblick auf wissenschaftliches Arbeiten. Es folgten Soziologie, Verhaltensmodifikation, Lern-, Klinische und humanistische Psychologie (LePs, KliPs, HuPs). Ich saugte alles wie ein Schwamm auf und fand neuen Ehrgeiz beim Lernen in mir. Bereits im zweiten Semester wuchsen, auch aus ökonomischen Gründen, langsam meine Haare. Aus der Surfer-Sunny-Boy-Frisur wurde eine Easy-Chill-Langhaar-Frisur, die in einer Metallica-Gedächtnis-Matte zum Studienabschluss hin bis in den Berufseinstieg 2.0 hinein endete. Ich habe das wirklich gerne studiert. Nein, ein klassischer Sozialpädagoge wurde ich nicht, auch kein linker Ideologe, der sich dauernd über soziale Ungleichheiten beschwert. Aber durchaus ein reflektierter, neugieriger und erkenntnisgeleiteter Mensch, der heute weiß, dass man nie fertiger „Schuster" sein wird.

Einige Jahre nach meinem Ausflug in die Abteilungsleitung und die Wirtschaftsinformatik hatte ich einige Glaubensmuster aufgelöst, komplett neue Theorien und Ansätze über Menschen und das Leben gelernt und bin auch gut durch die mathelastigen Statistikvorlesungen gekommen (wie einfach Mathe sein kann, wenn es einen Bezug zur Realität gibt!).

Manchmal frage ich mich durchaus, wie es wohl geworden wäre, hätte ich meinen Abteilungsleiterjob durchgezogen, wäre in dem Unternehmen aufgestiegen und ein nicht-studierter Kaufmann geblieben. Ich glaube, ich hätte ewig das Gefühl gehabt, etwas verpasst zu haben. Wie so viele Menschen immer zu hoffen, es käme jemand von außen in mein Leben und es bekommt dadurch eine andere Richtung oder mein Vater gäbe mir einen Impuls, was ich noch machen könnte.

Dieses Hoffen begleitet einige Menschen ein ganzes Leben lang: hoffen, dass die Schule gut klappt, hoffen auf eine gute Ausbildung, hoffen auf einen Partner und hoffen, dass alles irgendwie dahingehend klappt. Glaubenssatz: „Das haben meine Eltern auch schon so gemacht, also hoffe ich, dass es bei mir auch so läuft." Nein, bei diesem Hoffen fiel mir früh auf, dass sich dadurch nichts verändert. Im Gegenteil. Man verharrt in hoffender, abwartender Haltung, es möge sich doch alles fügen. Das Schicksal, der liebe Gott oder das Universum werden ihren Plan so erfüllen, wie er richtig ist.

Prinzip „Hoffnung"

Das Prinzip Hoffnung mag eine gute Haltung für schwierige Situationen sein. Es steht jedoch konträr zu hilfreichen Bewältigungsstrategien und führt nicht selten zu schlechteren Ergebnissen, aber ziemlich sicher in die Stagnation. Phrasen wie „Gib die Hoffnung nicht auf", „Hoffen wir das Beste" oder „Lasst uns gemeinsam hoffen" begleiten dieses Prinzip.

Die Kritik daran ist recht einfach. Ein Ereignis, eine Situation oder ein Geschehnis werden davon abhängig gemacht, dass jemand hofft. Dieses Hoffen verlagert den Ist-Zustand in eine ungewisse, nicht greifbare Zukunft, die noch nicht geschrieben ist und für die man keine Verantwortung übernehmen muss. Die Hoffnung, das Schicksal läge dann in den Händen anderer, vielleicht mystischer Kräfte, hemmt das aktive Handeln. Das Ergebnis dieser Hoffnung ist? Zu hoffen. Mehr geschieht jedoch nicht.

Verstehe mich bitte an dieser Stelle richtig. Hoffnung ist richtig und wichtig, wenn ein nahestehender Mensch mit einer schweren Erkrankung auf der Intensivstation liegt. Es ist auch in Ordnung, wenn Hoffnungen mit Handlungen ergänzt werden. Zu hoffen, dass sich das eigene Leben schon irgendwann wieder von selbst dreht, ist aller Voraussicht nach wirkungslos, wenn man nicht aktiv etwas verändert. Beginnst du aber regelmäßig an deinen Veränderungswünschen und deinen Gedanken zu arbeiten, dann weißt du, dass es eine Wirkung haben wird. Das Hoffen rückt in den Hintergrund und ist allenfalls noch eine Unterstützung deiner Aktivitäten. Die Botschaft ist eindeutig:

Wer aktiv etwas unternimmt, braucht nicht nur zu hoffen!

Wenn ich aktiv mein Leben gestalte, dann kann ich darauf hoffen, dass es die gewünschte Wirkung hat. Tue ich aber etwas, von dem ich weiß, dass es der Wirkung entgegensteht, und hoffe dennoch auf mein gewünschtes Ergebnis, besteht dringender Handlungsbedarf. So viele Menschen greifen zu Ratgebern wie diesem hier und lesen Seite um Seite, Buch für Buch viele Sätze in abgewandelter Form, gespickt mit Kalendersprüchen, zur Restrukturierung ihrer Gedanken und so weiter. Und trotzdem ändert sich nichts in deren Leben. „Vielleicht noch dieses eine Buch, vielleicht hilft mir das ja, endlich eine Veränderung herbeizuführen" – dieser Gedanke fällt in die Kategorie „Prinzip Hoffnung". Es gibt viele gute Bücher, wie unter anderem von Werner Ehrhardt und Thomas Schneider, Dr. Petra Bock oder Dr. Susanne Marx. Wenn du deren Inhalte aufnimmst und genau ihren Hinweisen und Ideen folgst, kannst du gar nicht anders, als dich zu verändern und deine Situation zum Positiven zu wenden. Aber man muss es tun oder, um es mit einem von mir leicht verfälschten Kalenderspruch zu sagen:

Erfolg hat sechs Buchstaben:

Machen

Das Zitat „Erfolg hat drei Buchstaben: TUN" wird Goethe zugeschrieben. Es scheint jedoch von Goethe nie so gesagt worden zu sein, alleine schon, weil das Wort „tun" zu seiner Zeit vier Buchstaben hatte: „thun".

Es geht nur, wenn du, statt zu hoffen, aktiv wirst und regelmäßig etwas für dein neues Leben nach der Krise unternimmst. Dafür gibt es Unterstützung bei Beratungsstellen, bei Therapeuten und Coaches oder, ganz altmodisch, bei Freunden. Doch auch sie sind alle keine schamanischen Wunderheiler und können dich nur anleiten und begleiten. Über die brennenden Kohlen musst du selbst laufen und je nach Vorbereitung wirst du entweder mit schwarzen oder mit glühenden Sohlen davonkommen.

Unser Gehirn hat die Fähigkeit zur Umstrukturierung und du kannst im Laufe deines Lebens ein völlig anderer Mensch werden, als du es bisher warst. Klammern wir an dieser Stelle einmal handfeste psychische Erkrankungen wie etwa Psychosen aus, besteht der Schlüssel zu einem anderen, besseren Leben nach der Krise aus drei Faktoren: ein neues **Denken**, die richtigen **Werkzeuge** und **Kontinuität**. Wie ein Hausmeister, der auf jede Situation so vorbereitet ist, dass er im Ernstfall nur in seine Kiste greifen und kramen muss, füllst du im Laufe der Zeit deinen Werkzeugkoffer für psychisch belastende Zeiten. Es ist schwer genug, diese Phasen im Leben sofort als diese zu erkennen, denn oftmals schleichen sich Krisen auch so nach und nach ein. So gehen wir zwar zunächst davon aus, dass Menschen in Krisen mit einer akuten Situation konfrontiert und überfordert sind, Bewältigungsmechanismen anwerfen und eine Krise dann wahlweise positiv oder negativ verlaufen kann (wie unter „Veränderungskrisen meistern" beschrieben). Dieses „Einschleichen" deutet jedoch auch auf die Prozesshaftigkeit von Krisen hin und wird in der Literatur davon als kritisches Lebensereignis abgegrenzt.

Kritische Lebensereignisse

Nicht im Gegensatz, sondern in Ergänzung dazu, möchte ich dir deshalb das Konzept der kritischen Lebensereignisse vorstellen. Sie sind nicht sofort als Krise erkennbar, können jedoch eine Vorbedingung für eine handfeste Krise oder ein direkter Übergang dazu sein. Ein wichtiges Merkmal ist, dass kritische Lebensereignisse eher prozesshaft zu verstehen sind und kein direkt auslösendes Ereignis haben. Wissenschaftlich gesprochen, erzeugen sie ein relatives Ungleichgewicht in Auseinandersetzung zwischen der Person und ihrer Umwelt und beeinträchtigen die Passung des Individuums in dessen Umwelt.

> *„Es geht nicht darum, was dir im Leben passiert, sondern wie du darauf reagierst.“*
> Epiktet (Griechischer Philosoph)

Ein kritisches Lebensereignis kann zum Beispiel dann vorliegen, wenn eine Person sich zwar zunächst freiwillig in eine Lebenssituation begeben hat, diese aber ursprünglich nicht in der Form wollte, weil die eigenen Überzeugungen dagegensprachen (eigene Werte versus Glaubenssätze und scheinbare Normen von außen). Hierzu kann zum Beispiel die **Familiengründung nur dem Partner zuliebe** gehören oder auch die **Ergreifung eines Berufs den Eltern zuliebe**.

Eine umgehende Bearbeitung des kritischen Lebensereignisses kann nicht erfolgen, dennoch merken Betroffene im Laufe der Zeit, wie es um ihren psychosozialen Mentalhaushalt bestimmt ist. Nehmen wir das Beispiel mit dem Beruf.

Eine junge Frau möchte eigentlich Theaterwissenschaften studieren, weil sie seit früher Kindheit gerne an Aufführungen teilnimmt und sich für Kunst und Kultur interessiert, Ballett macht und diese Welt liebt. Ihre Eltern teilen ihr jedoch mit, dass sie kein „brotloses" Studium unterstützen werden und nur ein Medizin- oder Jurastudium, schlimmstenfalls noch BWL finanzieren werden. Sie entschließt sich somit mangels finanzieller Grundlagen gegen Theaterwissenschaften und entscheidet sich für Medizin, weil ihr Vater Arzt ist. Im Anschluss daran quält sie sich durch das Studium, muss das Physikum wiederholen und fühlt sich im weiteren Verlauf ausgelaugt, während ihre Eltern stolz auf sie sind. Ihre emotionalen Spannungszustände nehmen zu, sie versucht mit Sport und regelmäßigem Weggehen mit Freunden eine Balance zu finden. Bei den Ausgeh-Abenden trinkt sie zunächst in Maßen und fühlt sich dadurch besser. Mit der Zeit beginnt sie schon nach den Vorlesungen mit einer Kommilitonin zusammen zu trinken und hat immer mehr Abstürze. Dies solange, bis sie die ersten Vorlesungen und Seminare schwänzt und zu Prüfungen nicht zugelassen wird.

Machen wir hier einen Schnitt, denn ich glaube, du weißt, worauf ich hinausmöchte. In dem genannten Beispiel liegt ein prozesshaftes kritisches Lebensereignis vor, bei dem sich die junge Frau zunächst dachte: „Mama und Papa haben ja auch irgendwie recht." Es hätte natürlich sein können, dass sie Gefallen an dem Studium findet und eine Motivation dafür entwickelt. Stattdessen ist sie nicht ihrer Leidenschaft und ihren eigenen Werten gefolgt. Ihr Coping war der Abbau von Stress und Spannungszuständen, zuerst auf gesunde (Sport), dann auf ungesunde Weise (Alkohol).

Den weiteren Verlauf kann man sich vorstellen: Alkoholismus, Studienabbruch, Therapie. Ob das in gleicher Weise mit einem Studium der Theaterwissenschaften so gekommen wäre? Sicher, es gibt auch gewisse Dispositionen für individuelles Suchtverhalten. Es hätte also ebenso gut mit jeder anderen Ausbildung so kommen können, die Chancen dafür wären jedoch geringer gewesen. Dass dieses kritische Lebensereignis als Vorbedingung für eine Krise stehen kann, steht außer Frage. Hier kommen sogar mehrere Krisenanlässe zusammen:

- Gefühl des Versagens
- Enttäuschung der Eltern
- Suchtverhalten

Das Beispiel zeigt, in welch verheerende Situation eine Person durch ein kritisches Lebensereignis kommen kann. Es zeigt auch, dass Menschen in schwierigen Situationen, oft auch unbewusst, nach einer Bewältigungsmöglichkeit für diese Situation suchen. Sei es durch Gespräche, durch Ablenkung oder wie hier dargestellt mittels Substanzgebrauch. Einige Handlungen bei der Krisenbewältigung dienen als Abwehrmechanismus und als Schutz vor einem Zusammenbruch. Lass uns gemeinsam auf das Thema der Bewältigungsstrategien blicken, bevor wir uns den Abwehrmechanismen widmen, und ich bin gespannt, ob du das eine oder andere von dir oder von anderen kennst.

Bewältigungsstrategien

Was du bereits als „Coping" gelesen hast, bezeichnet die Art und Weise des Umgangs mit einem als schwierig empfundenen Ereignis in einer Lebensphase oder Situation. Lass mich gleich vorausschicken, dass im Prinzip jedes Verhalten eine Form der Bewältigung einer belastenden Situation darstellen kann. Es gibt jedoch einige Muster, gesunde wie ungesunde, die Menschen nutzen, um einem kritischen Ereignis vermeintlich Herr zu werden.

Destruktives Coping

Wie die Bezeichnung erahnen lässt, ist die Verarbeitung einer Krise, eines Krisenanlasses oder eines kritischen Lebensereignisses im destruktiven Coping zerstörerischer Natur. Einerseits kann dies in eine depressive Richtung gehen (Rückzug, Isolation, Kontaktabbruch zu wichtigen Bezugspersonen, Entwicklung von Störungsbildern) oder andererseits aggressives Verhalten gegen sich und andere zur Folge haben (körperliche Gewalt, sich ritzen, Vandalismus, passiv-aggressives Verhalten).

So lässt sich sehr gut erkennen, dass destruktives Coping zwar eine Ablenkung von einem Krisenereignis darstellen kann, das eigentliche Problem dadurch jedoch nicht gelöst wird. Im Gegenteil, destruktives Coping kann dazu führen, dass sich eine Krise voll ausbildet und pathologisch sowie chronisch wird.

Konstruktives Coping

Hier wird es interessant. Denn im Gegensatz zu den destruktiven Coping-Strategien geht es im konstruktiven Coping direkt um die Bearbeitung des eigentlichen Problems. Dies bedeutet im Umkehrschluss jedoch, dass der Aufwand in aller Regel höher ist als bei destruktiven Verhaltensweisen. Denn ein Rückzug ist leicht gemacht: sich nicht mehr melden ist einfach, alles und jeden hassen lässt sich schnell und ohne Anstrengung umsetzen. Es ist einfacher, aus dem Kontakt mit einer Person zu gehen, als sich mit ihr auseinanderzusetzen.

Konstruktiv zu sein heißt hingegen, direkt über Problemstellungen zu sprechen. Direkt Hilfe für ein Thema, das einen beschäftigt, aufzusuchen und diese Hilfe auch anzunehmen. Neben Selbsthilfegruppen und Beratungsstellen, die es aus meiner Sicht nicht immer sein müssen, sind sich einige Menschen auch zu stolz, ihren engen Freunden von ihrer misslichen Lage zu erzählen. Bürgerliche Glaubensmuster, die die Fassade des immerwährenden glücklichen Lebens ohne Fehlentscheidungen aufrechterhalten sollen, stehen den Menschen im Weg.

Beispiele für Bewältigungsstrategien

Destruktiv

Suchtflucht: Negative Gefühle werden durch den Konsum von Substanzen unterdrückt. Das kann übermäßiges Rauchen sein, zu viel Essen, Alkoholismus oder weitere Substanzen. Hier steht die Gefährdung der Gesundheit im Mittelpunkt, die durch den Konsum bedroht ist und eine Krise verschlimmert.

Abbruch sozialer Kontakte: Eine der gefährlichsten destruktiven Coping-Strategien, wie ich finde. Denn in der Krisenintervention ist die Netzwerkintervention ein wesentlicher Bestandteil zur Krisenbearbeitung. Menschen brauchen andere Menschen, das ist die wichtigste Botschaft dabei. Insofern ist der Abbruch sozialer Kontakte eine ungesunde Reaktion auf ein Krisenereignis.

Passiv-aggressives Verhalten: In manchen Situationen, zum Beispiel am Arbeitsplatz oder auch in der Familie, kann man anderen Menschen, die scheinbar für die eigene Krise verantwortlich gemacht werden, nicht entgehen. Die Bewältigung erfolgt dann durch passiv-aggressives Verhalten, wie zum Beispiel einer „Schweigebehandlung" (auch Silent Treatment), bei dem die andere Person mit Missachtung oder Einsilbigkeit scheinbar „bestraft" wird. Ein vermeintlich hilfreiches Verhalten für Betroffene, denn neben dem unbedingten Wunsch, Macht auf die andere Person auszuüben, kommt damit gleichzeitig die eigene Ohnmacht zum Ausdruck. Das in der Literatur auch genannte narzisstische Verhalten hat in aller Regel weitere Probleme für von Krisen Betroffene zur Folge. Im schlimmsten Fall ist es der Verlust des Arbeitsplatzes oder der Abbruch zu wichtigen Bezugspersonen innerhalb der Familie. So oder so schaden sich Betroffene selbst. Es sei denn, ein Kontaktabbruch war ohnehin erwünscht.

Konstruktiv

Tagebuch schreiben: Eine der besten Möglichkeiten, mit sich und seinen Gedanken zurechtzukommen, ist das Führen eines Tagebuchs. Viele Menschen machen das ungerne, weil sie denken, es benötige zu viel Zeit und der Aufwand sei zu groß. Du kannst dir jedoch Überschriften geben. Entweder zu den Lebensbereichen (Gesundheit, Finanzen, Beziehungen), wie sie an dem Tag waren, oder du machst ein Positiv-Journal daraus, das eine reine Dankbarkeitsliste ist. Hier schreibst du jeden Abend vor dem Schlafen fünf Punkte auf, für die du an dem Tag dankbar bist.

Meditation: Es gibt zahlreiche Varianten einer Meditation. Von einer geführten Version in Form einer Fantasiereise bis hin zu einer Gehmeditation gibt es eine große Bandbreite. Vielen Menschen fällt es schon schwer, sich einfach fünf Minuten hinzusetzen und die eigenen Gedanken fließen zu lassen und sich dabei zu beobachten oder wie ich es nenne: Innenschau betreiben.

Sport/Bewegung: Ja, ich weiß, das klingt langweilig, und scheinbar ist die Antwort auf psychische und soziale Problemstellungen immer „Beweg dich mehr". In der Tat wird es auch in der Boulevard-Presse seit Jahren immer wieder geschrieben, dass die Zutaten für ein glückliches Leben ausgewogene Ernährung, ausreichend Schlaf und Sport seien. Das stimmt leider. Auch wenn es für handfeste psychische Erkrankungen „nur" eine gute Ergänzung ist statt einer Behandlung, so ist der Mensch geschaffen, um in Bewegung zu bleiben.

Insbesondere die konstruktiven Copingstrategien müssen einem erst einmal einfallen, wenn man dabei ist, mit einer psychisch belastenden Situation zurechtkommen zu müssen. Nicht zuletzt deswegen habe ich sie dir hier einmal aufgeschrieben. Es gibt zahlreiche weitere positive wie negative Strategien, wie zum Beispiel einen Kurztrip mit einem guten Freund oder einer Freundin machen, sich etwas gönnen oder mal wieder jemanden anrufen, den man lange nicht gesprochen hat. Ablenkungen sind immer erlaubt, solange sie gesund sind und du das eigentliche Problem als solches erkannt hast.

Abwehrmechanismen

Was von außen betrachtet manchmal merkwürdig oder gar absurd scheint, ist für Betroffene ein Schutz der Psyche vor dem Zusammenbruch. Abwehrmechanismen sind Teil der Bewältigung einer Krise und haben die Funktion, psychische Belastung zu verringern oder zu vermeiden. Sie können sehr unterschiedlich ausfallen und in Kombination auftreten. Die bekanntesten sind:

- **Verdrängung:** Unerwünschte, schmerzliche Wahrnehmungen werden verdrängt. Sie sind jedoch dadurch nicht weg, sondern werden vom bewussten Erleben ins Unbewusste abgedrängt. Dieser Abwehrmechanismus ist ein wenig heimtückisch, denn verdrängte Erlebnisse kommen wahlweise zu einem späteren, unpassenden Zeitpunkt wieder an die Oberfläche oder äußern sich durch ein Verhalten, das für die betroffene Person ungesund ist (Stichwort Suchtmittel).
- **Identifikation:** Sicher hast du schon einmal vom Stockholm-Syndrom gehört. Es ist ein Mechanismus, der zunächst das eigene Überleben sichert und gleichzeitig das Angstgefühl durch Verständnis für den Aggressor abmildert. Dies kann in Einzelfällen so weit gehen, dass ein Opfer Sympathie bis hin zu Liebe für den Entführer entwickeln kann. Auf einer unbewussten Ebene ist es auch die Aneignung der Stärke des scheinbar Mächtigeren.
- **Regression:** Das Verfallen in kindliche Muster und frühere Entwicklungsschritte in einer bestimmten Situation dient als Schutzmechanismus in angstbelasteten Situationen mit dem Ziel, emotionale Anspannung abzumildern.
- **Verschiebung:** Negative Gefühle einer Person gegenüber können nicht auf diese gerichtet werden (z. B. Vorgesetzte), weil das Beziehungsgefüge hierarchischer Natur ist. Als Ersatz wird eine andere Person für den eigenen Zustand oder die „Misere" verantwortlich gemacht und angeprangert.
- **Projektion:** Jemand projiziert unerwünschte negative Anteile von sich selbst auf andere Personen. So werden die als

negativ bewerteten Eigenschaften zwar in einem anderen Menschen erkannt, bewertet und abgelehnt, in einem selbst jedoch nicht. Dies ist im Arbeitskontext durchaus interessant, deswegen lade ich dich zu einer kleinen Übung ein:

1. Achte in den kommenden Tagen einmal genau darauf, was dich an deinen direkten Kolleginnen und Kollegen so richtig nervt.
2. Notiere dir die Eigenschaft oder das Verhalten auf einem Zettel und beobachte dich selbst in den kommenden Tagen und Wochen.
3. Prüfe, ob du dieses Verhalten auch von dir kennst. Vielleicht in einer anderen Lebenslage oder einer Situation, in der du bei absoluter Ehrlichkeit dir selbst gegenüber feststellen wirst: Das fällt mir an mir selbst auf und vielleicht nervt es mich, selbst so zu sein.

Diese Übung zur Projektion ist sehr hilfreich, um selbstreflektierter zu werden und seine eigenen Anteile in Konflikten auch zu hinterfragen. Egal ob man schnell ein Urteil über andere fällt oder sich über das Verhalten bei anderen beschwert, es klappt nur, weil man selbst diese Anteile in sich trägt und meint zu glauben, dieses negative Verhalten deuten zu können. Selbst dann, wenn es für die andere Person eine andere Bedeutung hat.

Es ist spannend, was einem an sich auffällt, wenn man sich traut, dies auch zu reflektieren. Was nervt dich so richtig an jemand anderem? Sobald du die Antwort darauf gefunden hast, wirst du feststellen, dass du damit arbeiten kannst. Das ist ein Schritt in eine Richtung, in der die Harmonie mit dem Außen beginnt und du Gelassenheit und Geduld für andere Menschen bekommst. Auch deshalb raten viele Coaches zuerst zur Selbstakzeptanz, um mit anderen besser zurechtzukommen.

Aus dieser Interaktion mit anderen entsteht die Identität eines Menschen, die wir uns im nächsten Kapitel vor dem Hintergrund des Krisenerlebens genauer ansehen.

Identität und Krise

Jetzt kommt ein Modell, das ich dir sehr ans Herz legen möchte. Als Autor finde ich natürlich jedes Kapitel wichtig, sonst würde ich es nicht schreiben. Die folgenden Inhalte haben mir jedoch einerseits selbst immer wieder geholfen, wenn ich schnell den Krisenstatus einer anderen Person einschätzen musste, und andererseits, um gegebenenfalls meine eigene Lage selbst zu bewerten.

Denn in einem krisenhaften Zustand sind wir derart mit unserem Problem befasst, dass zum einen die Selbstreflexion leidet und wir zum anderen keine weiteren Optionen mehr sehen, außer den Gedanken und Reaktionen freien Lauf zu lassen, gesund wie ungesund. Einen Schritt zurückzutreten, sich selbst zu hinterfragen und das eigene Erleben mittels eines solchen Modells zu bewerten, hat den Vorteil, dass man sich innerlich von seinem Thema distanzieren kann (Stichwort Bewältigungsstrategie). Nicht nur deshalb, sondern auch um dich und deine Situation in jeder Lebenslage einordnen zu können, möchte ich dir die **Identitätskrise nach Hilarion G. Petzold** vorstellen.

Wer sich in der Welt der Fachliteratur zur Psychologie online wie offline umsieht, wird schnell feststellen, dass das Konzept der Identität mehr ist als die Bewertung des eigenen Selbst im Sinne der Formulierung „Ich bin". Der aus dem Lateinischen abgeleitete Begriff „Identitas" bedeutet **„Wesenseinheit"**, also die Gesamtheit deines Wesens. Was ich im Studium irgendwie noch witzig fand, halte ich heute für einen großartigen Begriff, der es fast auf die Titelseite dieses Buches geschafft hätte (Identitas hätte auch gut geklungen finde ich), wäre mein innerer Teenager nicht so dominant gewesen.

Petzold definiert fünf zentrale Lebensbereiche als Säulen, auf denen die Wesenseinheit eines Menschen steht. Ganz simpel gesprochen, entsteht nach diesem Konzept die Identität einer Person aus dem **Wechselspiel von Selbst- und Fremdzuschreibung** oder anders:

„Der Mensch wird am Du zum Ich."
Martin Buber (Österreichischer Philosoph)

Obwohl das Internet voll von Memes mit Sprüchen ist wie *„Ich mag Menschen nur, wenn sie woanders sind als ich"*, so ist es egal, wie wir es drehen und wenden, **wir können nicht ohne andere Menschen**. Was Martin Buber einst so treffend mit dem Zitat *„Der Mensch wird am Du zum Ich"* in seiner Ich-Du-Philosophie zum Ausdruck brachte, findet sich ebenso in Petzolds wissenschaftlicher Ausführung. Demnach steht eine Person ständig im Austausch mit seinem Umfeld, das die individuelle Entwicklung und die Identität mitprägt. Hinzu kommen die Vergangenheit, an die sich ein Mensch erinnert, die eigene Biografie (Elternhaus, Schule, Beruf) sowie der Blick auf den eigenen Entwurf der Zukunft.

So ergibt sich ein Gesamtkonstrukt der Wesenseinheit, worauf sich die fünf Säulen der Identität in einer zeitlich zusammenhängenden Situation begründen. Letzteres bedeutet, die nachfolgenden fünf Lebensbereiche werden gleichzeitig betrachtet und nicht etwa ein Bereich auf vergangenen Ereignissen oder zukünftigen Annahmen bewertet.

I. Säule: Leiblichkeit

Diese Säule beinhaltet die Themen Sport/Bewegung, Ernährung, Körpergefühl, Schlaf oder auch Sexualität. Ist der Körper eines Menschen beeinträchtigt, wackelt die Säule der Leiblichkeit. Das kann durch einen Unfall passieren, aber auch durch Krankheit oder biologische Vorgänge wie das Altern im Sinne eines kritischen Lebensereignisses. Bei dieser Säule geht es nicht etwa um ein körperliches Ideal à la Instagram. Ein übergewichtiger Mensch kann sich in seiner Haut sehr wohlfühlen und hat damit keine Probleme. Im Umkehrschluss kann es durchaus sein, dass eine Person, die im Laufe des Lebens im Vergleich zu früheren Jahren deutlich an Gewicht zugenommen hat, eine Beeinträchtigung in diesem Lebensbereich sieht, weil ein früherer Sport nicht mehr ausgeübt werden kann und dadurch vielleicht sogar Freundschaften in einem Verein nicht weiter gepflegt werden konnten. So beginnt ein weiterer Lebensbereich zu wackeln (siehe Säule II).

Mögliche Fragestellungen für eine Analyse der Säule:

- Wie zufrieden bist du mit deinem Körper?
- Bist du mit deinem Aktivitätsniveau zufrieden?
- Hast du früher bewegungsintensive Hobbys ausgeübt, denen du heute nicht mehr nachgehst?
- Wie fühlst du dich körperlich insgesamt?

II. Säule: Soziales Umfeld und Netzwerk

Menschen brauchen stabile soziale Beziehungen. Deshalb beinhaltet diese Säule die Themen Freundschaft, Bekanntschaft, Verwandtschaft und Nachbarschaft. Lebenssituationen, in denen Menschen ihr soziales Umfeld komplett verändern, sind häufig krisenbehaftet und können zu starken Identitätsproblemen führen. Ein Beispiel sind junge Erwachsene, die ihr soziales Umfeld komplett hinter sich lassen, weil sie für ein Studium mehrere hundert Kilometer in eine andere Stadt ziehen. Oftmals ist es der erste Auszug aus dem Elternhaus und die Freunde aus der Schulzeit werden ebenfalls zurückgelassen. Nicht zuletzt deshalb gibt es an Hochschulen Ansprechpartner und Hilfestellungen durch ältere Semester, um diesen Übergang so gut wie möglich zu schaffen.

Mögliche Fragestellungen für eine Analyse der Säule:

- Zu welchen Menschen hast du den meisten Kontakt?
- Gibt es Personen, zu denen du gerne wieder mehr Kontakt hättest?
- Wie steht es um die Kontakte zu Verwandten und Nachbarn?
- Welche Menschen sind/waren dir in deinem Leben besonders wichtig?

III. Säule: Arbeit, Leistung und Freizeit

Bei dieser Säule steht der individuelle Lebenssinn im Fokus. Die drei Bereiche Arbeit, Leistung und Freizeit sind Möglichkeiten für einen Menschen, sich mit seinem Schaffen und seinem Tun zu identifizieren. Findet jemand durch sein Handeln eigene Zufriedenheit und wird dieses Handeln von außen wertschätzend anerkannt, ist dies ein wichtiger Moment in der Festigung dieser Säule. Im Gegensatz dazu gerät die Säule ins Wanken, wenn ein Mensch für sich keine besondere Leistung sieht und gleichzeitig keine Wertschätzung erfährt.

Gehst du zum Beispiel einer Arbeit nach, die für dich nur reiner Broterwerb ist und ein Job, der die Rechnungen bezahlt, hält sich vermutlich deine Motivation in Grenzen. In der Folge machst du reinen Dienst nach Vorschrift und wirst deshalb bei anstehenden Beförderungen übergangen. Daraus folgt bei dir Frust und noch mehr Demotivation und du denkst, du müsstest noch weniger tun, was dazu führen kann, dass du einige Kritikgespräche über dich ergehen lassen musst und so weiter.

Anders kann es aber auch sein, dass dir Arbeit einfach nicht so wichtig ist und du wirklich nur deine Brötchen verdienen möchtest. Die Leistung hast du an anderer Stelle, wie zum Beispiel bei einer spezifischen Sportart, in der du sehr gut bist. Vielleicht bist du jemand, der kreativ ist und über Soundcloud eine Menge Abonnenten für seine selbst geschriebenen Songs hat. Wenn jemand in einem der drei Bereiche Arbeit, Leistung und Freizeit ein Erleben von Anerkennung und eigener Zufriedenheit mit der Tätigkeit hat, ist diese Säule stabil.

Mögliche Fragestellungen für eine Analyse der Säule:

- Wie siehst du deinen Arbeitsplatz?
- Wie gestaltest du deine Freizeit?
- Gibt es etwas, das du tust und das dich erfüllt?
- Bei was gehst du so richtig aus dir heraus?

IV. Säule: Materielle Sicherheit

In diesem Lebensbereich geht es um die wirtschaftliche Absicherung, um Nahrung, ein Dach über dem Kopf, persönlichen Komfort und Kleidung. So kann ein besonderer Kleidungsstil zur persönlichen Identität gehören oder das Fahren von bestimmten Automarken. Es geht aber auch um existenzielle Themen. Dazu gehört das Essen, das man sich leisten kann, sowie eine sichere Bleibe zu haben. Hier ist gut erkennbar, dass die Säulen miteinander verknüpft sein können und es in vielen Lebensbereichen auch sind. Verliert eine Person ihre Arbeit aufgrund unternehmerischer Entscheidungen, verliert sie nicht nur wichtige soziale Kontakte, sondern auch die materielle Sicherheit eines regelmäßigen Einkommens. War der Wegfall des Arbeitsplatzes unerwartet, ist die fünfte Säule ebenfalls beeinträchtigt.

Mögliche Fragestellungen für eine Analyse der Säule:

· Wie lebst du (Wohnung, Haus, WG)?
· Welchen Wert legst du auf Kleidung?
· Wie ist dein Einkaufsverhalten im Supermarkt (streng nach Liste, das Nötigste, frei nach Lust und Laune)?
· Kommst du mit deinen monatlichen Einnahmen (gut) aus?

V. Säule: Werte

Für mich die wichtigste aller Säulen. Wenn ein Mensch klare Werte im Leben hat, sind diese eine stabile Säule, an der sich alle anderen Säulen ausrichten. Was meine ich damit? Lass mich dazu **ein paar Beispiele** formulieren:

· Hast du „Vegane Ernährung" als einen wichtigen Wert für dich definiert, ist es wahrscheinlich problematisch, wenn du mit einem absoluten Grill-Fan zusammen bist, der im Sommer täglich Fleisch auflegt (Säule der **Leiblichkeit**).
· Gute Freunde zu haben ist für viele Menschen ein zentraler Wert. Verliert man einen, weil man sich auseinander-

lebt, kann das die Identität beeinträchtigen und diesen Wert erschüttern **(Soziales Netz)**.

- Ist für dich „Freiheit" ein enorm wichtiger Wert und du arbeitest in einem traditionellen, familiengeführten Industrieunternehmen mit autoritärer und kontrollierender Führung, wirst du dort sicher keine entsprechende Leistung bringen, was sich direkt auf die materielle Sicherheit auswirkt (Säule **Arbeit und Leistung)**.
- Wenn „Sicherheit" für dich einer der höchsten Werte ist, dann ist es nicht so sinnvoll, sich bei einer Zeitarbeitsfirma anstellen zu lassen oder sich ohne ein Konzept selbstständig zu machen (Säule der **materiellen Sicherheit**).
- Hast du „Monogamie" als wichtigen Wert und stellst nach einigen Monaten mit deiner neuen Freundin oder deinem Freund fest, dass er oder sie gerne polygam leben möchte, wird aus euch beiden langfristig kein Paar (Säule der **Werte** selbst).

Worauf du im Leben Wert legst, ist ein direkter Spiegel deiner Identität. Aus diesem Grund sind Werte auch im Coaching so wichtig. Hinter Werten stecken handfeste Glaubensmuster, die teils hinterfragt und teils unreflektiert übernommen wurden. Werte sind emotional und sind **in Summe die Weltanschauung eines Menschen**.

Die Bedeutung aller Säulen ist für jeden Menschen unterschiedlich und auch unterschiedlich ausgeprägt. Sind einzelne Säulen nicht oder kaum belegt, wie zum Beispiel die zweite Säule „Soziales Netz", kann es einen (Teil-)Verlust der Ich-Identität bedeuten.

Übung zu den Säulen nach Petzold:

*Bewerte nun einmal nach Kenntnis der Säulen den Status der **Identität einer arbeitslosen Person**, die über ein Jahr lang keinen Arbeitsplatz gefunden hat. Wie ist es allgemein um sie bestellt? Fühle dich richtig ein. Wie sieht der Alltag dieses Menschen aus? Wo und wie lebt er? Wie steht es um die sozialen Kontakte? In welchem Lebensbereich erfährt die Person Anerkennung? Wie ist es um die wirtschaftliche Situation bestellt? Worauf vertraut er und an was glaubt er?*

So eine Übung hat neben der Vertiefung dieses Modells auch den positiven Nebeneffekt des Empathie-Trainings. Wenn du dir ernsthaft Gedanken über die Situation eines anderen Menschen machst, dich in sein Erleben, sein Denken und Handeln einfühlst, wirst du empathischer.

Identität				
Leiblich-keit	**Soziales Netz**	**Arbeit, Leistung, Freizeit**	**Materielle Sicherheit**	**Werte, Normen, Ideale**
Körperliche und mentale Gesundheit	Familie, Freunde, Vereins-leben	Erfolg, Aner-kennung, Wert-schätzung	Wohlstand, Geld, Urlaub, Auto, Haus	Religion, Vertrauen, Liebe, Glaube

Wie du richtig ahnst, sind selten alle Säulen im absoluten Gleichgewicht und sie können sich gegenseitig ausgleichen. So kann jemand einen Job gerne ausüben, weil er seine Tätigkeit gut kann (Arbeit und Leistung). Wenn dieser Job schlecht entlohnt ist (geringe materielle Sicherheit), kann jemand dennoch aufgrund von guten Kollegenbeziehungen durchaus zufrieden sein (soziales Netz). Die sozialen Kontakte und die Erfüllung in der

Arbeit selbst gleichen die geringere materielle Sicherheit aus. Hier wäre noch die Lebenssituation zu bewerten, ob sich jemand beispielsweise nur bestimmte Dinge wie etwa teure Unterhaltungselektronik nicht leisten kann oder ob es existenzielle Dinge wie Lebensmittel oder Schulgeld sind.

Greifen wir zum Schluss noch einmal das Beispiel (siehe II. Säule) des jugendlichen Erwachsenen auf, der zum Studium von zu Hause weggeht. Gehen wir von einem gesunden jungen Menschen Anfang zwanzig aus, ist die Säule der **Leiblichkeit** nicht beeinträchtigt. Blickt man auf die anderen Säulen, sieht es schon anders aus. **Soziales Netz** komplett verändert, Kontakte zu Freunden und in die Heimat nur noch per Smartphone. **Arbeit, Leistung und Freizeit** ist schwer bewertbar, jedoch in der aktuellen Situation (zeitlicher Zusammenhang) beeinträchtigt, weil weder Vorlesungen begonnen haben noch ein Nebenjob vorhanden ist. Die Säule der **materiellen Sicherheit** kann wahlweise positiv sein, wenn der Lebensunterhalt durch die Eltern gesichert ist. Es kann aber auch genauso gut sein, dass das Bafög noch nicht genehmigt wurde und die Ersparnisse angegriffen werden müssen. Letztlich ist es eine Frage des Ankommens in der neuen Stadt und der Kontakte. Kommen diese schnell und tragfähig zustande, können die Säulen stabil sein. Sind die Kontakte eher lose und unverbindlich, kann es sein, dass die Säule der **Werte** negativ beeinträchtigt wird, weil der Studierende sich in der Planung der Vorlesungen und der Seminare alleingelassen fühlt und das aus seiner Schulzeit anders kennt.

Wie bereits angedeutet, sind Werte etwas hoch Emotionales und die letzte Säule, die einen Menschen noch trägt, wenn alle anderen beeinträchtigt sind. Sie stellen die Basis für die eigene Lebensführung dar und resultieren aus biografischen Erfahrungen und anerzogenen Werten, deren Sinnhaftigkeit oft ein Leben lang nicht hinterfragt wird.

Werte: Ein Blick hinter die Kulissen der Sprache

Werte oder auch Wertvorstellungen definieren im Grunde nichts anderes als die persönliche Einordnung von **„gut"** und **„nicht gut"**. Komplizierter formuliert dienen Werte als Bezugspunkt für Individuen, die entweder anziehend oder abstoßend wirken. In der Politik wird mit Werten argumentiert und Unternehmen haben alle besonders ehrenvolle Werte in ihren Leitbildern niedergeschrieben. Die einfache Frage „Worauf legst du im Leben Wert?" reicht aus, um eine Menge über eine Person herauszufinden. Im Arbeitskontext könnte es noch konkreter heißen: „Worauf legst du in der Zusammenarbeit mit Kolleginnen und Kollegen besonders wert?" Was auch eine schöne Frage im Vorstellungsgespräch sein kann, offenbart in der Formulierung der Antwort je nach Kontext eine Menge Informationen. Stelle gerne einmal in deinem Bekanntenkreis jemandem die Fragen und natürlich auch dir selbst:

• Worauf legst du im Leben Wert?
• Was ist dir wichtig an deinem Arbeitsplatz?
• Wie stellst du dir die perfekte Beziehung vor?

Menschen lassen sich nicht gerne hinter die Kulissen blicken und fühlen sich schnell unbehaglich, wenn man aus heiterem Himmel derartige Fragen stellt. Du kannst es gerne so einleiten, dass du derzeit ein Buch dazu liest und dich einfach interessiert, was deine Freunde dazu sagen. Bei manchen Menschen glaubst du dir sicher zu sein, doch ich habe die Erfahrung gemacht, auch nach vielen Jahren der Freundschaft bei dem einen oder anderen neue Aspekte zu hören und umgekehrt.

Sicher klingen manche Antworten ähnlich und vertraut. Ein gemütliches Zuhause mit einer langfristig angelegten monogamen Beziehung in einem Einfamilienhaus mit einer Arbeit, die Freude macht und ein auskömmliches Einkommen bringt. Eventuell so in der Richtung. Spannend ist dabei die Art der Formulierung der Antworten.

*„Man **muss** ja schauen, dass man es im Leben zu etwas bringt."*
*„Arbeit **darf** schon Spaß machen, das Betriebsklima ist wichtiger als Geld."*
*„Geld ist nicht alles, aber ich **möchte** mir schon was leisten können."*

Im Kapitel „Barrieren im Kopf" hast du bereits gelesen, dass es sich um Glaubenssätze handelt, die du hinterfragen kannst.

Was bedeutet es für dich, es *„im Leben zu etwas zu bringen"*?
Wie viel Geld ist dir der *„Spaß bei der Arbeit"* wert?
Welches Gehalt bedeutet für dich, *„sich was leisten zu können"*?

Du merkst, es dreht sich dabei um das Thema der Selbstreflexion und geht ein wenig tiefer. Stelle dir einmal ähnliche Fragen passend zu deinen Werten und Glaubenssätzen. „Haben meine Eltern schon so gemacht, mache ich auch so", könnte eine Antwort sein, es könnte aber genauso gut sein, dass du dich fragst: „Ja, wieso eigentlich?" Häufig werden Aussagen dazu auch im Passiv formuliert:

Es zu etwas bringen: *„Na ja, **man** muss schon eine gute berufliche Stellung, ein Haus, ein oder zwei Kinder und ein vernünftiges Auto haben."*

Spaß bei der Arbeit: *„Es muss schon Spaß machen. Ich habe keine Lust, eine Arbeit zu machen, die keinen Spaß macht, und das mit Kollegen, die **man** nicht mag."*

Sich was leisten können: *„Urlaub will **man** schon auch noch machen können. Ist ohnehin alles so schwierig geworden, die Arbeit und alles. Da soll die Familie auch mal abschalten können."*

Im Gegensatz zu einer aktiven Formulierung, in der jemand von „ich" oder „mein" spricht, wird mit der Verwendung von „man" (in den oben genannten Beispielen fett gedruckt) das Thema und die Verantwortung von der Person wegmanövriert. Achte einmal darauf, wenn du ein Gespräch führst, ob die Person, wenn es um sie selbst geht, mit „man" oder „ich" ihre Sätze formuliert. Spannend sind da eher unangenehme Themen wie Rauchen oder zu viel und ungesundes Essen. Wenn Menschen über ihre Laster sprechen, kommen sehr häufig passive Formulierungen, die von der eigenen Verantwortung ablenken:

> *„Man weiß ja schon gar nicht mehr, was man noch essen darf."*
> *„Sind schon andere an Lungenkrebs gestorben,*
> *die nicht geraucht haben."*
> *„Früher war Fleisch gut, heute ist es nicht mehr gut,*
> *denen fällt schon immer was Neues ein."*
> *„Es gibt andere Leute, die trinken jeden Abend mehr als*
> *zwei oder drei Bier."*

Hier treffen passive Formulierungen gleichzeitig auf die Auslagerung der Verantwortung an fiktive Personen, die gar nichts mit deinem Gesprächspartner zu tun haben. Beginnst du das zu hinterfragen (Achtung: nicht verhörartig, sondern empathisch-wertschätzend), kann es durchaus sein, dass dein Gegenüber die Augenbrauen zusammenschiebt und die Antworten etwas mürrischer ausfallen. Niemand will sich ertappt fühlen und schon gar nicht in eine Rechtfertigungssituation kommen. Entscheide also situationsbedingt, ob es Sinn macht nachzufragen. Dies ist dann der Fall, wenn jemand von sich aus auf das Thema zu sprechen kommt. Merke dir dabei unbedingt einen wichtigen (Glaubens-)Satz:

Erwachsene kann man nicht erziehen!

Ein erwachsener Mensch verändert sich dann, wenn er sich verändern möchte. Vielleicht holt sich jemand Ratschläge, besucht Seminare oder liest Bücher wie dieses hier, um dann daraus Veränderungen anzugehen, die zu einem neuen Denken und Handeln und zu neuen Werten führen. Was aber nicht funktioniert, ist ein Erziehen im Sinne elterlicher Bevormundung und löst eher das Gegenteil aus, nämlich Widerstand.

In den Beispielen habe ich die Wörtchen „man" hervorgehoben, um dir die passive Formulierung etwas näherzubringen. Es gibt jedoch weitere Erkenntnisse in so einfachen Sätzen. Deswegen möchte ich dir einen weiteren Kniff verraten, der dir hilft, dich und andere besser zu verstehen. **Werte, Regeln** und **ungeschriebene Gesetze** hörst du an Modalverben sehr gut heraus. Die im neurolinguistischen Programmieren (NLP) genannten **Modaloperatoren** deuten auf Notwendigkeiten und Möglichkeiten hin:

Modaloperatoren der **Notwendigkeit**:
müssen, sollen, notwendig

Modaloperatoren der **Möglichkeit**:
dürfen, können, erlauben

Gerade das Verb „müssen" kommt sehr häufig in unserem Sprachgebrauch vor. Achte einmal darauf, wie oft Menschen in deiner Umgebung von einem „Müssen" sprechen und wie oft es dir selbst passiert. Die dadurch angezeigte Notwendigkeit eines Themas löst dadurch mal mehr, mal weniger Druck aus. Dieser Druck kann sehr groß werden, wenn man es mit dem Müssen übertreibt. Den ganzen Tag etwas zu müssen, statt sich etwas zu erlauben, ist unglaublich anstrengend und kann langfristig Widerstand auslösen und zu dem Wunsch nach einem Ausbrechen aus diesem Müssen führen.

Einige Formulierungen der Notwendigkeit haben es sogar in gesellschaftliche Glaubenssätze geschafft, von denen ich dir ein paar in Erinnerung rufen möchte:

- Man **soll** den Tag nicht vor dem Abend loben.
- Wer im Glashaus sitzt, **sollte** nicht mit Steinen werfen.
- Wer schön sein will, **muss** leiden.
- Man **muss** das Eisen schmieden, solange es heiß ist.
- Wir **müssen** alle am selben Strang ziehen.

Vermutlich hattest du schon einige Tage, an denen du zum Mittagessen meintest, der Tag ist großartig und abends dachtest du das gleiche noch einmal, vielleicht haben bei einem Projekt in deiner Arbeit nicht alle an einem Strang gezogen und es hat trotzdem geklappt.

Die genannten Formulierungen lassen viele Einblicke bei deinem Gegenüber zu. Denn über diese Modalverben, hörst du sehr gut etwaige Werte und Glaubensmuster heraus. Diese Erkenntnis kann dir wahlweise in der Arbeit mit Klienten und Coachees helfen, aber auch im Gespräch mit engen Vertrauten, die sich selbst durch ein ständiges „Müssen" unter Druck setzen, ohne dass es ihnen bewusst ist.

Den inneren Kritiker finden

Es geht mir hier nicht um Wortklauberei, sondern vielmehr um die Sensibilisierung für Sprache. Denn sie hat eine Auswirkung auf unser Denken und Erleben, insbesondere im eigenen inneren Dialog. Diese Glaubenssätze trägst du ja nicht dauernd nach außen, sodass ein geschulter Zuhörer merkt, dass du da vielleicht ein Thema hast. Nein, wir sind auch mit uns selbst den ganzen Tag im inneren Dialog. Nicht etwa im pathologischen Sinne, wenn jemand befehlende oder kommentierende Stimmen hört. Sondern dann, wenn du dir selbst sagst: „Gut gemacht" oder dir selbst Vorwürfe machst: „War ja klar, immer das Gleiche mit mir." Diese innere Stimme ist ein „innerer Kritiker", der dich vor Fehlern bewahren möchte und auch viel mit Selbstbewertung zu tun hat.

„Schon wieder falsch gemacht."

„Immer das Gleiche mit dir."

„Mensch, pass doch auf."

„Du kannst niemandem trauen."

„Ich bin nicht gut genug."

Einige dieser Sätze kommen dir vielleicht bekannt vor, einige sagst du vielleicht sogar deinen eigenen Kindern. Auch bei dir kommen sie aus dieser Zeit und du trägst sie unbewusst in dir. Der Zugang über die eigene Sprache ist der Schlüssel für viele Problemstellungen in der Arbeit mit dem inneren Kritiker. Ihm zum einen Gehör zu schenken und gleichzeitig auf die Formulierungen zu achten, erfordert durchaus etwas Übung und Anstrengung.

Sagst du dir selbst ständig, dass du dringend eine Arbeit haben musst, die dir einen bestimmten Status verleiht, und findest diese Arbeit aber, aus welchen Gründen auch immer, nicht, löst das großen Druck bei dir aus. Wenn du dir ständig sagst, du musst endlich einen tollen Partner haben, am besten so einen, wie ihn deine beste Freundin hat, dann baut das Druck in dir auf. Sagst du dir dauernd, du musst mehr Geld verdienen, damit du dir ein noch größeres Auto leisten kannst, löst das Druck aus.

Ich habe bewusst drei Situationen gewählt, die in Beratungsgesprächen und Coachings sehr häufig vorkommen, denn es sind essentielle Themen im Leben eines Menschen. Eine **Arbeit**, die gesellschaftliche Anerkennung bringt, eine positive **Liebesbeziehung** und ausreichend **Geld** für die Rechnungen und noch mehr. Es wäre so einfach, diese Sätze nach ihrer Notwendigkeit zu hinterfragen, zumindest anders zu formulieren, wenn du sie bei dir selbst entdeckst. Zunächst ist es sinnvoll zu hinterfragen, welche Beweggründe jeweils hinter diesen Themen stehen und welches Bedürfnis damit verknüpft ist. Das Bedürfnis nach Leistung und Anerkennung (hast du die Säulen von Petzold noch im Gedächtnis?), das Bedürfnis nach Liebe und Geborgenheit (Soziales Netz) und das Bedürfnis nach materieller Sicherheit (III. Säule), sind letztlich die Themen, die dahinterstehen können.

Und das erfährst du alles durch so scheinbar einfache Formulierungen. Cool, oder? Zugegeben, es erfordert ein wenig
Übung, aber du kennst dich selbst am besten. Wenn du beginnst, dich selbst noch besser kennenzulernen, wirst du auch
andere Menschen besser verstehen. Ein möglicher Schritt ist,
ein handfestes Problem in deinem Leben zu notieren und alles
dazu aufzuschreiben, was dir in den Sinn kommt, und zwar so,
wie es in dir hochkommt. Ganz ehrlich, die nackte Wahrheit.
Dieser Prozess kann schmerzlich sein, ist aber sehr hilfreich für
die Bearbeitung deiner Probleme.

Dabei ist es wichtig, nicht zu urteilen und sich schon gar
nicht zu verurteilen, sondern in einem ersten Schritt neugierig
anzuerkennen: „Aha, okay. Da habe ich wohl ein Thema, das
mir so nicht bewusst war." Im nächsten Schritt kannst du dich
fragen: „Was mache ich jetzt damit?", und darauf aufbauen.
Was du alles tun kannst, findest du im sechsten Kapitel „Deine Playlist – Werkzeuge und Übungen", in dem ich eine Menge
an Werkzeugen aufgeschrieben habe, mit denen du sozusagen
Selbstcoaching betreiben kannst.

Unbewusste Programme

Du hast nun schon einiges über Glaubenssätze und Werte gelesen
und ich freue mich, wenn du bis hierher schon den einen oder anderen Aha-Moment hattest. Falls nicht: Danke, dass du trotzdem bis
hier gelesen hast! In diesem Kapitel gehen wir einen Schritt tiefer
und wollen einmal vor dem Hintergrund der bisherigen Erkenntnisse in die automatisierten Programme des Menschen blicken.
Denn hier verstecken sich die Werte und die Themen, die dich im
Alltag und deine Krisenbearbeitung beeinträchtigen, nur sind sie
dir eben nicht bewusst. Bei manchen Abläufen wäre ein bewusstes
Steuern sogar hinderlich. Stelle dir einmal vor, du musst dich den
ganzen Tag darauf konzentrieren, richtig und rhythmisch zu atmen.
Da ist der Tag dann aber auch gelaufen! Dennoch sind solche Vorgänge für das Verständnis deiner unbewussten Anteile spannend.

Deshalb lade ich dich auf eine kleine Übung ein, für die du mich die kommenden Minuten verfluchen wirst. Setze dich einmal in Ruhe hin, schaue über den Buchrand hinaus und beobachte dann deinen Wimpernschlag. Wie oft blinzelst du? Kannst du eigentlich auch nicht blinzeln und wie kannst du jemals wieder nicht daran denken, dass du blinzelst? Keine Sorge, mit der Ablenkung durch das Weiterlesen wirst du deinen Wimpernschlag gleich wieder vergessen haben. Es ist ein unbewusster Vorgang, den wir mit dieser Mini-Übung ins Bewusstsein geholt haben. Eine nette weitere Übung dazu wäre das Gleiche mit dem Auto- oder Fahrradfahren. Wenn du das nächste Mal in deinem Auto sitzt (funktioniert sehr gut, wenn es eins mit Schaltgetriebe ist), dann sage dir ganz bewusst jeden deiner folgenden Schritte laut vor:

Ich öffne die Tür und steige ein ...
... dann lege ich den Gurt an ...
... dann drehe ich den Zündschlüssel um (oder drücke Start) ...
... dann trete ich die Kupplung ...
... dann lege ich den Gang ein und ...

... dann schaust du in den Rückspiegel oder auf deinen Weg vor dir und so weiter. Du wirst feststellen, dass es auf einmal merkwürdig wird, denn das sonst so einfache Fahren wird für einen Moment zu einer Wissenschaft wie in den ersten Fahrstunden. Was du dir einst mühsam in der Fahrschule erarbeitet hast, wurde im Laufe der Jahre zu einem unbewussten und automatisierten Programm. Niemand denkt darüber nach, was er als Nächstes machen muss, wenn er ins Auto steigt und losfährt. Holt man diese unbewussten Vorgänge ins Bewusstsein, wird es zuerst einmal schwierig, weil man wieder aktiv darüber nachdenken muss.

Jetzt die gute Nachricht: Diese Bewusstwerdung funktioniert mit einigen anderen unbewussten Vorgängen auch und selbst der Ablauf ist nicht unähnlich. Denn man geht beschreibend vor. Ich beschreibe meine Handlungen, die zu einem problematischen Verhalten wurden und dann habe ich sie erst einmal ins Bewusstsein geholt. Daraus resultiert, ähnlich wie in dem Beispiel mit dem Auto, zunächst Unsicherheit. Das ist auch der Grund, warum Leute nicht sofort „geheilt" aus ihrer ersten Psychotherapiesitzung oder von einem Coaching kommen. Da ringt sich jemand endlich durch, ein Jobcoaching aufzusuchen, und hofft auf die eine Lösung, die nach der Problembeschreibung sofort präsent sein muss.

Aber vieles, was du an deinem Innenleben ändern möchtest, ist ein Prozess, der eine Weile dauert. Es gibt in manchen Disziplinen einige Abkürzungen (wie etwa Hypnosetherapie), wenn man nicht dranbleibt, ist aber auch das nicht unbedingt nachhaltig. Eine Therapeutin stellt häufig nur Fragen oder gibt methodische Hilfestellungen in Bezug auf die aktuelle Themenstellung. Was dann hochkommt, liegt zunächst nicht in ihrem Ermessen. Dennoch ist es das, wo die Reise hingehen soll. Ans Eingemachte, an die ungeschönte Wahrheit deiner unbewussten Ängste und Bedürfnisse, um damit arbeiten zu können.

Du hast dich zu Recht gefragt: „Wie komme ich denn nun darauf, was in mir so abläuft?" Nun, das eine haben wir weiter oben behandelt, nämlich welche Worte du verwendest und wie du mit dir und anderen sprichst („müssen, sollen, dürfen"). Es gibt Möglichkeiten, sich zu reflektieren, die du später unter Kapitel IV findest. Trotzdem ist es hin und wieder sinnvoll, sein Verhalten von außen spiegeln zu lassen und sich nach einer Erzählung über eine Problemstellung sagen zu lassen: „Mir fällt auf, dass du sehr häufig das Wort – müssen – verwendest, wenn du über deine Arbeit sprichst."

Immer dann, wenn du merkst, dass du ein Thema zwar intellektuell greifen kannst (zum Beispiel „Ich gebe zu viel Geld aus"), es aber durch selbst gesteckte Maßnahmen nicht in den Griff bekommst, laufen automatisierte unbewusste Programme ab, an die du nicht herankommst. So kann es sein, dass du für deine Freunde eine sehr gute Hilfe bist, wenn sie Probleme haben. Du kannst gut zuhören, bist empathisch und immer zur Stelle, wenn mal wieder jemand in der Klemme sitzt. Vielleicht hörst du immer wieder Sätze wie: „Mit dir kann man so gut reden, schade, dass du keinen Partner findest, der dich zu schätzen weiß", oder ähnliche Aussagen. Eigene Probleme anzugehen ist viel schwieriger, weil du Teil des Problems bist und den Wald vor lauter Bäumen nicht siehst. Das wirklich Abgefahrene an der Sache ist, dass du somit nicht Herr im eigenen Haus bist. Soll heißen, du kannst natürlich dein Problem intellektuell erfassen, es aber dennoch (zunächst) nicht ändern. Ernüchternd, oder?

Es gibt Menschen, die wissen genau, dass sie zu viel Geld ausgeben und dauernd im Minus sind. Sie bekommen Probleme, weil sie die Miete am Ende des Monats nicht aufbringen können und sind am Verzweifeln, was nur mit ihnen los ist. Dann soll ein Haushaltsbuch Abhilfe schaffen und es werden Budgets festgelegt, ein Buch von Bodo Schäfer gekauft, ein paar Videos geschaut, ein überteuertes Motivations-Seminar besucht und dann haut es für einige Tage hin. Bis es wieder losgeht, dass die Ausgaben die Einnahmen übersteigen. Wie bei Diäten, die motiviert beginnen, so ist es mit vielen anderen Veränderungen, die von außen betrachtet scheinbar so einfach wären.

Es laufen unbewusste Programme dabei ab. Der in der Coaching-Literatur häufig zitierte Autopilot in Form des Unbewussten steuert die Programme, die den eigenen Gewohnheiten entsprechen. Er hält dich als Mensch, wie du geworden bist, in **deinem** Gleichgewicht. Deshalb lautet einer der Grundsätze im NLP:

Jedem Verhalten liegt eine positive Absicht zugrunde.

Denn die Programme sind richtig und wichtig und sie hatten für dich persönlich (oder deine Eltern) irgendwann einmal eine sinnvolle Funktion, passen aber nicht mehr in deine Situation oder waren nie wirklich förderlich im Kontext deiner späteren Umwelt. Mit „früher" meine ich deine Kindheit, die ich im Kapitel mit „Barrieren im Kopf" schon angesprochen habe.

Die ersten sechs Jahre werden in der Psychologie als wegweisend für tieferliegende Glaubenssätze als wichtigste Zeit der Prägung gesehen. Die Glaubenssätze deiner Eltern sind dir heute nicht mehr bewusst, aber es sind hochaktive Programme, die sozusagen auf der Festplatte deines Lebens im Hintergrund arbeiten. Dein innerer Taskmanager hat zig Prozesse am Laufen, die dein Leben steuern.

Deshalb ist es hilfreich, weiter in deiner Biografie zurückzugehen und zu überlegen, was deine Eltern über bestimmte Themenbereiche immer gesagt haben und was du heute über die gleichen Themen sagst. Hat dein Vater immer gesagt, dass die Leute immer nur dein Geld wollen, und deine Mutter hat das unterstrichen, dass einem überall nur das Geld aus der Tasche gezogen wird, wird das ein astreiner Glaubenssatz für dich als Kind. So sehr, dass er dich vielleicht ein ganzes Leben lang beeinträchtigt, indem du nie Geld bei dir behältst. Die unbewusste Angst, das Geld könnte dir genommen werden, führt zu einer scheinbar unkontrollierten Ausgabe deines verdienten Geldes.

Oder hast du dich noch nie gefragt, wieso Leute mit dem gleichen oder sogar weniger Gehalt als du trotzdem am Ende des Monats noch Geld übrig haben und sogar etwas beiseitelegen können, während du am Ende des Monats nicht weißt, wie du deine Rechnungen begleichen sollst?

Nehme gerne alle möglichen Beispiele von Menschen, die ihr Verhalten zwar erkennen, aber es einfach nicht schaffen zu verändern. Das kann die Frau sein, die immer wieder an den einen Typ Mann gerät, der trinkt und gewalttätig ist (Rollenbild des eigenen Vaters und daraus resultierender Glaubenssatz „Das ist Normalität") oder jemand, der immer wieder in seinen Jobs scheitert, weil diese seine Erwartungen nicht erfüllen. Es kann die junge Unternehmerin sein, die großartige Ideen hat und grundsätzlich erfolgreich in ihrem Business ist, aber unbewusste Glaubenssätze wie etwa „Ich habe es nicht verdient" oder „Ich muss viel härter arbeiten" hat und deshalb in Gesprächen ihren Erfolg herunterspielt.

Oder du bist es, der oder die diese Zeilen hier gerade liest, weil dich das Leben in eine Situation manövriert hat, die den besagten Wendepunkt einer Krise darstellt, und du suchst nach Antworten, nach einer Orientierung. Eine Situation, die du kommen sehen hast und die dich dennoch wie ein Donnerschlag getroffen hat, weil du vorher nie in deinem Leben einen solchen Schmerz gefühlt hast. Um diesen besser einordnen zu können, möchte ich dir ein Modell vorstellen, durch das Krisen wirklich gut verstehbar werden. Im Anschluss daran erfährst du in einer persönlichen Geschichte einen direkten Praxisbezug.

Warum gerade ich?

Das Chaos, das in einem herrscht, wenn die Welt über einem zusammenbricht, wenn alles zu viel wird und man nicht weiß, wie man daraus ausbrechen soll, hat eine bestimmte Abfolge. Ist ein Mensch in einer existenziellen Krise, versucht er sie im Rahmen seiner Möglichkeiten zu bewältigen. Ich persönlich fand es immer schwierig, derart individuelle Themen in ein Schema zu gießen und schablonenartig daraufzulegen. Deshalb ist es lediglich eine Einladung an dich, einmal anhand dieses Modells deine eigene aktuelle oder zurückliegende Krise vor diesem Hintergrund zu bewerten. Du wirst jedoch auch überrascht sein, wie genau solche Modelle sind. Bedenkt man, dass Erika Schuchardt (1993, Warum gerade Ich? – leben lernen in Krisen) in ihrer Arbeit zur Erstellung des integrativen Modells der **acht Stufen zur Trauer- und Krisenbewältigung** über 2000 Biografien analysiert hat, wird deutlich, warum wissenschaftliche Erkenntnisse durchaus auf viele Lebenslagen übertragbar sind.

LebensLAUF- & LebensBRUCH-Krisen

Bevor wir auf die acht Stufen blicken, möchte ich noch eine Unterscheidung auf Basis der Erkenntnisse von Erika Schuchardt erläutern, denn sie ist wesentlich für das Verständnis einer Krise. Im Laufe des Lebens gibt es verschiedene Etappen, die wir als Menschen nehmen. Diese Schaltstellen sind mit mehr oder weniger Reibung und Unsicherheit verbunden und führen zu **Lebenslaufkrisen**.

Größter Vorteil dieser Krisen ist es, dass sie einigermaßen vorhersehbar und damit auch gesellschaftlich gut einzuordnen sind. Mit der **Geburt** beginnt das Leben und Eltern wissen aus Erzählungen, aus Büchern und von den eigenen Eltern, was damit einhergeht. Es folgen weitere vorhersehbare krisenhafte Ereignisse wie das Abstillen, der **Kindergarten** und damit soziale Interaktion mit anderen Menschen außerhalb der Familie. Erste Freundschaften und Konflikte, die **Einschulung** und dann die erste größere Krisenphase, die **Pubertät**. Anschließend startet wahlweise die Aufnahme einer **Ausbildung** oder eines **Studiums**, der Einstieg in den **Beruf**, **Beziehungsabbrüche**, **Familiengründung**, **berufliche Veränderungen**, **Krise in der Lebensmitte**, der Eintritt in die **Rente** sowie zuletzt **Alter** und **Tod**. In der zeitlichen Abfolge können diese **Reifungskrisen** zwar individuell unterschiedlich sein, aber wir alle durchlaufen diese Phasen.

Im Gegensatz dazu sind die **Lebensbruchkrisen** die unvorhersehbaren Ereignisse, die einen Menschen plötzlich und unerwartet treffen und zu Brüchen in der Lebensbiografie führen können. Obwohl auch die Lebenslaufkrisen durchaus mit Lernerfahrungen zusammenhängen, so ist die Lebensbruchkrise dadurch gekennzeichnet, dass sie als solche anerkannt werden muss, um sie verarbeiten zu können.

In der Pubertät wissen wir nicht, dass wir uns mittendrin befinden, außer wir werden von außen, etwa von den Eltern, als „Pubi" oder „Teenie" bezeichnet. Ein Krisenereignis, das einen Bruch im

Leben darstellt, kann als dieses direkt benannt und bearbeitet werden. Dazu gehören eine **ungewollte Schwangerschaft** oder **ungewollte Kinderlosigkeit, Gewalt, Missbrauch, Arbeitslosigkeit, Mobbing, schwere Unfälle** und **Krankheiten** mit negativer Prognose sowie **Trennung** und der **Verlust von wichtigen Bezugspersonen**. Diese individuellen Lebensbruchkrisen sind noch einmal zu kollektiven Lebensbruchkrisen abgegrenzt. Zu diesen gehören Brüche in der Lebensgeschichte, die stark von äußeren Einflüssen geprägt sind, wie **Anschläge, Vertreibung, Umweltkatastrophen** oder **politisch motivierte Gewalt**.

Lebenslauf- und Lebensbruchkrisen, individuell oder kollektiv eingeordnet, führen zum Durchlaufen von drei Stadien mit insgesamt acht Stufen der Krisenverarbeitung, die Schuchardt in ihrer Arbeit beschrieben hat.

Acht Stufen der Krisenbewältigung und deren Stadien

– Eingangsstadium –

1. **Ungewissheit: *„Was ist eigentlich los?"***
   Das krisenauslösende Ereignis trifft den Betroffenen unvermittelt und hart. Während der drei Zwischenphasen aus Unwissenheit, Unsicherheit und Unannehmbarkeit kann es sein, dass das entsprechende Ereignis ignoriert wird oder Betroffene so tun, als hätten sie nichts davon mitbekommen.

2. **Gewissheit: *„Ja, aber das kann doch nicht sein?"***
   Es folgt die rationale Erkenntnis, dass das Ereignis real ist und es wirklich eintritt. Die Tatsache wird emotional noch nicht akzeptiert und deshalb verdrängt oder geleugnet, um etwaige Hoffnungen aufrechterhalten zu können.

– Durchgangsstadium –

3. Aggression: *„Warum gerade ich?"*

Zu Beginn des Durchgangs- oder auch Übergangsstadiums legt sich der Schock nach und nach. Darauf folgen starke Gefühle, die den Betroffenen überwältigen können. Enttäuschung, Wut und aggressives Verhalten (Vorwürfe, Wutausbrüche) sind gegen alle Beteiligten gerichtet, die gerade im Umfeld anwesend sind. Personen im direkten Umfeld können mit den Gefühlen des Trauernden nicht umgehen und reagieren ebenfalls aggressiv, sodass sich dieser aufgrund des Unverständnisses zurückzieht. Die Aggressionen sind häufig gegen andere Familienmitglieder oder die behandelnden Ärzte gerichtet. Die undurchdachten Verhaltensweisen können zu Beziehungsabbrüchen führen und den Betroffenen noch mehr belasten.

4. Verhandlung: *„Wenn ..., dann muss aber ..."*

Mit allen Bewältigungsmechanismen versucht der Betroffene das Schicksal noch zu wenden und zu verhandeln. Sätze wie *„Wenn ich jetzt mit dem Rauchen aufhöre, dann sollte der Lungenkrebs zurückgehen"* oder auch Verhandlungen mit Gott sind in dieser Stufe erkennbar. Der Sinn hinter einer Diagnose oder dem Verlust wird zunehmend hinterfragt (*„Was will Gott mir damit sagen?"*).

5. Depression: *„Wozu ...? Alles ist sinnlos."*

Dem Betroffenen wird klar, dass er sein Schicksal nicht durch Verhandlungen mit Gott oder anders beeinflussen kann. Nach den Phasen starker Gefühlsausbrüche folgen Resignation und die Aufgabe der Hoffnung, dass sich das Blatt zum Positiven wenden kann. In letzter Konsequenz folgt die Depression.

6. Annahme: *„Ich erkenne jetzt erst ...“*

Auf dieser Stufe sind Betroffene erschöpft von den starken Gefühlen und den Verhandlungen. Die trauernde Person ist wieder offen für Neues und beginnt mit dem anstehenden Verlust (seines Lebens oder des Verlusts des Angehörigen) die verbleibende Zeit zu leben und nicht mehr dagegen zu arbeiten.

7. Aktivität: *„Ich tue das ...!“*

Durch die Annahme der Situation wird der Betroffene aktiv. Er gestaltet seine Situation selbst und nimmt das Zepter für sein Leben wieder in die Hand, um das Beste daraus zu machen. Er beginnt die Suche nach Selbsthilfegruppen, das Lesen von Büchern oder sucht sich therapeutische Begleitung. Es muss nicht immer zwingend im Sinne der aktiven Krisenbearbeitung sein, sondern kann genauso gut sein, dass sich jemand noch einmal einen letzten Wunsch erfüllen möchte.

8. Solidarität: *„Wir handeln ...“*

Auf dieser Stufe übernehmen Betroffene wieder soziale Verantwortung und versuchen, sich in die Gesellschaft mit ihrer neuen Situation einzugliedern. Sie verstehen sich als Teil einer Gruppe mit Personen, denen es ähnlich ergeht wie ihnen selbst. In dieser Stufe kann die Selbstwirksamkeit, etwa im Kontext einer Selbsthilfegruppe, zurückerlangt werden.

Anhand der Beispielaussagen (*„Ich tue das ...“*, *„Wir handeln ...“*, ...) lässt sich gut erkennen, in welcher Stufe sich Betroffene befinden. In dem sogenannten Spiralmodell sind diese Stufen wie ein Turm dargestellt, den es zu erklimmen gilt. Schuchardt stellt damit die Notwendigkeit des Lernens dar und verdeutlicht gleichzeitig, dass die Stufen (wie in anderen Modellen auch) nicht als abgeschlossen zu werten sind. Je nach Schwere der

Erkrankung und der Bereitschaft, sich damit auseinanderzusetzen, kann es auch sein, dass Betroffene bestimmte Stufen nicht mehr erreichen und in der Depression bis zu ihrem Tod verharren.

Begleitende können den Prozess gut unterstützen, indem sie in Phasen mit scheinbar irrationalem Verhalten Ruhe bewahren und die Gefühlsausbrüche oder ungesunden Verhaltensmuster annehmen. Das ist leichter gesagt als getan, entspannt die Situation um einen Betroffenen oder einen Trauernden herum jedoch ungemein. Gleichzeitig können die Angehörigen und Helfenden die gleichen Phasen durchleben wie der Betroffene, wodurch sich die Situation im Allgemeinen schwieriger darstellen kann. Dies ist häufig dann der Fall, wenn Eheleute ihren langjährigen Partner verloren haben oder dieser von einer schweren, tödlich verlaufenden Erkrankung betroffen ist.

Lass mich dir eine sehr persönliche Geschichte erzählen, die einerseits gut in dieses Modell passt, es also untermauert. Und andererseits ist sie dir vielleicht eine Stütze, wenn du dich selbst in einer ähnlichen Situation befindest. Ich habe sie bereits im Jahr 2019 als Bewältigung für mich aufgeschrieben und den Text entsprechend für das Buch angepasst.

III. Missklänge: Eine persönliche Geschichte

Der Kampf beginnt

Oktober 2019. Ich saß in meinem Büro in Erlangen und harrte der Dinge. Draußen regnete es, das Wetter wurde langsam kühler und der Herbst kündigte sich mit den ersten herabfallenden Blättern an. An diesem Tag wurde mein Vater zum dritten Mal in diesem Jahr mit dem Krankenwagen in die Klinik gefahren. Zu dem Zeitpunkt war es nicht ganz zehn Jahre her, als er in München in einem Restaurant auf der Toilette Blut in seinem Urin bemerkte. Diagnose: Prostatakrebs, bösartig. Der Krebs hatte sich bereits in seinem Körper „wie Seerosen in einem Teich" vermehrt, wie es Mediziner oft ausdrücken. Es folgten endlose Untersuchungstermine, eine gescheiterte Chemotherapie wegen einer allergischen Reaktion und zahlreiche Besuche bei Spezialisten. Bis letztlich eine Radontherapie erfolgreich anschlug und zumindest eine weitere Ausbreitung der Krebszellen verlangsamt werden konnte. Durch eine orale Chemotherapie war er dann irgendwann so gut eingestellt, dass er einige Jahre ein weitgehend normales Leben führen konnte.

Er hatte weiterhin seine Treffen mit einem ehemaligen Geschäftspartner, wickelte von zu Hause aus Geschäfte ab und traf sich mit Freunden im Ort. Einmal sagte er zu mir, wenn er es nicht wüsste, würde es sich wie ein normales Leben anfühlen. Die regelmäßigen Untersuchungen bei seinem Urologen erinnerten ihn leider viel zu oft an die Krankheit. Seine Werte begannen seine Stimmung zu kontrollieren. Wie ein Sportler erhoffte er sich in der Endwertung stets ein positives Ergebnis und damit einen niedrigen PSA-Wert (Prostata-spezifisches Antigen, ein nicht unumstrittener Wert zur Einordnung für Mediziner). War dieser Wert zu hoch, war er missmutig und depressiv. War der Wert sehr niedrig, weil die Medikamente umgestellt wurden oder er insgesamt in einem besseren Zustand war, ging es ihm gut.

Im Laufe der Jahre hat er sich mit der Krankheit arrangiert und hatte sogar Kontakt mit Wolfgang Bosbach, dem Politiker, der ebenfalls daran erkrankt war. Meine Mutter hat für ihn immer wieder eine Atmosphäre der Normalität geschaffen. Sie hat ihn dazu motiviert, vor die Tür zu gehen, den Hund auszuführen und zum Einkaufen zu fahren.

Bis es ihm im Jahr 2018 begann schlechter zu gehen. Er klagte über Schmerzen im Knie und hatte immer wieder Probleme mit den Gelenken. Die Metastasen wucherten weiter in seinen Knochen und durchzogen seinen ganzen Körper. Er wurde von einem Spezialisten operiert, der Operationen bei Patienten mit Tumoren durchführte. Die Operation war zwar erfolgreich, aber sein Organismus deutlich geschwächt. Zusätzlich hatte er sich offenbar einen Krankenhauskeim eingefangen und bekam an der Nahtstelle eine Blutbeule, die dazu führte, dass er wieder und wieder in die Klinik musste. Es begann für ihn eine Odyssee der Klinikaufenthalte an verschiedenen Orten, die mit dem Krankenwagen begannen und auf der Palliativstation endeten. In den letzten Monaten wurde er stets in der Klinik stabilisiert, kam wieder nach Hause und musste nach einigen Tagen wieder eingeliefert werden. Immer wegen Schwächeanfällen oder Atemnot. Sein System begann mehr und mehr zu kapitulieren.

Zu dem Zeitpunkt, in dem ich das erste Mal diese Zeilen schrieb, lag er erneut im Krankenhaus. Zum zweiten Mal auf der Palliativstation. Beim ersten Mal dachten wir bereits, er komme nicht mehr raus. Als er dann zum zweiten Mal eingeliefert wurde, schwand bei mir die Hoffnung, dass er noch einmal so etwas wie einen normalen Alltag haben würde. Einen Alltag, in dem er einfach morgens aufstehen, seinen Kaffee trinken und sich beim Zeitunglesen über die Politik aufregen kann. Und irgendwann diese eine Nacht, in der er einschläft und im ewigen Schlaf bleibt.

Stattdessen litt er Qualen. Er hatte Schmerzen im ganzen Körper, die Morphiumbehandlung schlug nur noch teilweise an oder war zu niedrig. Er konnte sich kaum rühren, benötigte einen Rollstuhl und war plötzlich auf Pflege angewiesen. Zwischendurch blutete seine Nase ununterbrochen. Ein Horrortrip. Als ich ihn bei seinem letzten Aufenthalt auf der Palliativstation besuchte, sagte er, es sei schon komisch, dass wir Menschen unserem eigenen Körper beim Verfall zusehen können. Ich kann nicht annähernd erahnen, wie sich das wohl anfühlt. Wenn du abends ins Bett gehst und nicht weißt, ob du morgen noch einmal aufstehst.

Eine Familienkrankheit

Ich wünschte mir deshalb in dem Jahr vor seinem Tod mehr als einmal, er könne einfach so einschlafen. Stattdessen widerfuhr ihm das, wovor wir alle die größte Angst hatten: Er musste leiden. Monatelange Schmerzen im ganzen Körper, unzählige Medikamente mit den entsprechenden Nebenwirkungen, er litt zunehmend psychisch und war niedergeschlagen. Natürlich kannte ich aus theoretischen Phasenkonzepten das Stadium der Depression, das viele Todkranke leider auch bis zu ihrem Tod nicht mehr verlassen. Hier ging es jedoch um meinen eigenen Vater. Um den Mann, der mich immer rausgehauen hat, wenn es in meinem Leben eng wurde. Und jetzt musste ich mit ansehen, wie mein Unternehmervater, der früher in zahlreichen Projekten aktiv war und viele Fäden in der Hand hielt, auf einer Palliativstation auf Erlösung wartete. Ein absoluter Alptraum. Zu wissen, dass man ziemlich sicher nicht mehr nach Hause kommt, sondern allenfalls ein Umzug in ein Hospiz ansteht, muss sich schrecklich anfühlen. Und man fühlt es mit.

Deshalb ist mit der Überschrift nicht die Erblichkeit von Krebs gemeint, sondern vielmehr die These der Autorin Christina Berndt aus dem Jahr 2014, die der Ansicht ist, eine Krebsdiagnose belaste die ganze Familie. In der Tat konnte ich das in den letzten Jahren nicht nur selbst erfahren, sondern direkt bei Freunden, die mit dem gleichen Schicksal konfrontiert waren, beobachten. Aktionismus, Panik, Diskussionen, wer sich worum kümmert, familiäre Grundsatzfragen und viele dieser Themen, die in scheinbar intakten Familien sonst unter den Teppich der Harmonie gekehrt werden.

Es ist, als würde die todbringende Diagnose alle familiären Probleme wieder hervorholen und sagen: „Jetzt macht was damit." „Etwas damit machen" bedeutet für den einen, sich zurückzuziehen, für den anderen, die Situation zu beobachten, und für den ganz anderen, alle anderen aufzuscheuchen und zu versuchen alles abzuwenden. In jedem Fall beginnt an dieser Stelle der familiäre Krisenmodus, ob man nun offen damit umgeht, es unter besagten Teppich kehren mag oder mit Bedacht angeht. Ist eine Person in der Familie von einer Krebsdiagnose betroffen, sind alle betroffen.

Für den betroffenen Menschen bricht in der Situation eine Welt zusammen. Alles, was bisher Bestand hatte, bekommt auf einmal eine völlig neue Richtung. Derjenige hat mit Ungewissheit, starken Gefühlen, Selbstvorwürfen, Vorwürfen gegen andere und Depressionen zu kämpfen, wie bei den acht Stufen im vorherigen Kapitel aufgezeigt. Nahestehende Menschen wie der Partner, Kinder oder enge Freunde können für Betroffene eine gute Stütze sein, sie haben aber auch gleichzeitig ihren eigenen Schock der Diagnose eines geliebten Menschen zu verwinden und gehen ihrerseits damit entsprechend um. Hinzu kommt, dass eine mit dem Tod verknüpfte Diagnose für einen Betroffenen der Hauptlebensinhalt wird. Arztbesuche, starke Medikamente, Operationen und Reha-Aufenthalte werden zu den zentralen Themen. Und dennoch haben die Angehörigen auch ihr eigenes Leben, das weitergeht. Eigene Familien, eigene Jobs, eigene Verpflichtungen und dazwischen immer wieder erneut die Nachricht, dass ein weiterer Klinikaufenthalt ansteht.

Mit dem Verlauf der fortschreitenden Erkrankung meines Vaters und zunehmenden Klinikaufenthalten wuchs bei uns allen die Sorge, dass es nur mehr eine Frage der Zeit sein kann, bis es ernster wird. Das System „Familie" muss als Ganzes betrachtet werden. Denn innerhalb des Systems haben die Aktionen der einen Auswirkungen auf die Reaktionen der anderen. So kann es sein, dass der Umgang mit einer Krisensituation für einen persönlich passend ist, jemand anders dieses Verhalten jedoch nicht nachvollziehen kann und eine andere Erwartungshaltung hat. (Hast du noch die Säulen der Identität in Erinnerung? Hier ist die Säule der Werte angekratzt.)

In so einer Situation ist die ganze Familie im Wechselbad der Gefühle, es geht mal auf, mal ab, man blendet es aus und dann holt es einen wieder ein. Vordergründig sprach ich relativ nüchtern und abgeklärt über die Situation. Dann fuhr ich ein-, zweimal, vielleicht dreimal pro Woche zu ihm, je nachdem, was für einen Eindruck ich am Telefon und welchen Workload ich hatte. Im Anschluss daran schrieb ich meinem Vater für meine eigene Bewältigung fiktive Briefe und wünschte ihm immer nur das Beste. Das hat für mich gut funktioniert und war für mich eine passende Strategie, das Thema „unterwegs" zu bearbeiten.

Zwei Kippen und ein Eis

Es war ein kalter Novembertag. Die Landschaft draußen lag in einem schweren Grau. An diesem Nachmittag hatte ich den zweiten Termin in einem Hospiz in Nürnberg. Bereits zwei Wochen zuvor war ich zum Informationstermin bei einem anderen. Dort sagte man mir, wir sollten mehrgleisig fahren, weil die Einrichtungen nur sehr begrenzte Plätze hätten und es eben dauern könne. Ich war beide Male sehr beeindruckt von der Arbeit in den Hospizen. Entgegen dem, was ich erwartete, war die Atmosphäre eher lebensbejahend als das Gegenteil. Klar, warum sollten die Wände auch noch schwarz gestrichen werden, wenn ohnehin jeder weiß, warum er dort ist. Es war irgendwie makaber. Die ersten Informationen sind noch recht medizinisch. „Keine lebensverlängernden Maßnahmen mehr", „unheilbare Krankheit" und noch ein paar Dinge, über die man sich sonst selten im Leben unterhält.

Anschließend noch eine Führung durch das Haus und die Räumlichkeiten, zumindest jene, die nicht privat bewohnt waren. Es gibt Rituale für noch Lebende und schon Verstorbene, die Personalschlüssel sind großzügig (im Vergleich zu anderen Einrichtungen der Pflege) und das Personal wirkt immer, als wäre es ihre Mission, die Menschen auf ihrem letzten Weg zu begleiten. Ich habe eine hohe Achtung vor den Personen, die mit ihrem Herzblut und ihrer Energie Todkranke in ihren letzten Wochen begleiten. Alleine bei der Vorstellung, ich gewöhne mich an einen Bewohner, wasche ihn, pflege ihn, führe Gespräche, und plötzlich ist dieser Mensch, vielleicht schon am nächsten Morgen, nicht mehr am Leben. Eine unglaubliche Leistung, diesen Job auszuführen.

Nach dem Termin fuhr ich noch zu meinem Vater auf die Palliativstation, um ihn zu informieren. Er war guter Dinge, hoffte darauf, dass bald ein Platz frei werden würde, damit er endlich aus dem Krankenhaus ausziehen und „sich für den Abschied einrichten" könne. Sichtlich positiv gestimmt, soweit man das in seinem Zustand sein konnte, wollte er zum Abschluss des Tages noch rauchen gehen.

Rauchen. Das ewige Rauchen. Seit er die Diagnose erhielt, habe ich die Tabakindustrie und manchmal auch ihn verflucht. Denn mehr als fünfzig Jahre Nikotinkonsum haben die Heilungschancen sicher nicht verbessert, vielleicht war es sogar mit ein Auslöser. Das werden wir aber nicht mehr erfahren und außerdem war er in einem Stadium, in dem ihn die Ärzte bereits seit zwei Jahren stetig für „bald tot" erklärten. Also setzte ich ihn in seinen Rollstuhl, zog ihm die Jacke an, legte eine Decke über seine Beine, er nahm seine Zigaretten und wir fuhren in den Hof. Zwei „Fluppen" später wollte er noch ein „Erdbeereis" haben und war zufrieden zurück auf dem Zimmer.

Mein Vater war fast wieder wie früher und erzählte offen in seiner ganz eigenen Art von seinem Erleben. Er lächelte, wenn er die Familie sah, und machte zwischendurch einen schlechten Witz.

Mir persönlich tat es gut, ihn noch einmal so zu erleben, wie er war, bevor er der Welt grollte und Gott verfluchte, weil er diese Erkrankung hatte. All die Jahre seiner Erkrankungszeit war er immer mürrischer und frustrierter geworden, was für meine Mutter nicht immer leicht war. Sie musste vieles aushalten. Denn in den letzten Jahren vor seinem Tod hatte sich nun einmal alles um meinen Vater gedreht. Kam jemand vorbei, war die erste Frage an ihn gerichtet: „Und, wie geht's dir?", und dann wurde geplaudert. Bei so einem Fokus auf den Ehemann kann die Situation durchaus eine Belastungsprobe für den Partner werden.

Selbstbestimmt bis zuletzt

Mittlerweile hatten mein Bruder und ich uns zu Alternativen zum Hospiz ausgetauscht: Seniorenheim oder Pflege zu Hause mit einer Pflegekraft über eine Vermittlungsstelle über Osteuropa, die bei meinen Eltern wohnen kann. Während mein Bruder und ich immer wieder dazu telefonierten, er immerzu neue Unterlagen ausfüllen musste und ich nach Pflegeheimen recherchierte, erhielt mein Bruder unerwartet die Nachricht, unser Vater sei im Seniorenwohnheim in seinem Heimatort angekommen. Ich hielt gerade ein Seminar in Nürnberg, konnte also nicht sofort handeln, und es wussten weder mein Bruder noch ich zu dem Zeitpunkt, wie es dazu kam. Später stellte sich heraus, dass unser Vater auf einer Entlassung bestand, unterschrieb diese selbst und ließ sich mit dem Taxi dorthin bringen.

Er hatte einen Lagerkoller auf der Palliativstation, auf der er mehrere Wochen verbracht hatte. Dauernd das Klinikessen und immerzu kommen Schwestern rein und legen einen von links nach rechts. Er hielt diesen Zustand nicht mehr aus. Eigentlich wollte er nach Hause, aber meine Mutter konnte ihn aufgrund eigener körperlicher Einschränkungen nicht pflegen und medizinisch versorgen. Also nahm der ehemalige Unternehmensberater selbst wieder die Fäden in die Hand und bäumte sich entgegen aller Empfehlungen und Äußerungen auf und tat, was für ihn persönlich wichtig war. Auch wenn der Stress für die Familie dadurch nicht weniger wurde, fand ich es eine großartige Sache: Er handelte!

Für meine Mutter, meinen Bruder und mich abermals eine Hiobsbotschaft. Denn als ich nach dem Seminar zum Seniorenheim fuhr, stellte sich heraus, dass es dort eigentlich gar keinen freien Platz gab. Er wurde in ein kleines Zimmer einquartiert, das die Pflegekräfte kurzerhand für ihn freigemacht hatten. Wie sich später herausstellte, war es ein reiner Gefallen für ihn und die Familie, weil man sich eben seit Jahren im Dorf kannte. Eine tolle Geste, wie ich finde!

Trotzdem war klar, dass er dort nicht bleiben konnte. Immerhin gibt es Heimaufsichten, die sehr genau hinsehen, ob die genehmigte Platzzahl eingehalten wird. Also begannen mein Bruder und ich wieder von vorne und überlegten, wo wir ihn hinbringen könnten. Wir haben bei Pflegeheimen angerufen, die alle besetzt waren, und fast täglich in den Hospizen nachgefragt, bei denen er auf der Warteliste war. Letzten Endes habe ich eine Zusage für einen Pflegeplatz im Umkreis von zwanzig Kilometern zwar erhalten, aber dorthin wollte unser Vater nicht, weil er den Ort nicht mochte.

Als wir nicht mehr so genau wussten, wie wir weiter verfahren sollten, kam der Anruf aus dem Nürnberger Hospiz, dass ein Platz frei geworden war. So konnte er letztlich Anfang Dezember 2019 dorthin umziehen.

Seine letzte Reise beginnt

Mein Vater freute sich richtig, dass es geklappt hatte. Er wurde aus dem Seniorenheim mit dem Taxi abgeholt und um die Mittagszeit zog er ein. In meiner Mittagspause besuchte ich ihn dort zum Einstand. Eigentlich war es eine traurige Angelegenheit, dass er nun an der „Endstation" war. Dennoch war ich irgendwie erleichtert, dass er nun endlich in der Nähe meines Arbeitsplatzes war und ich ihn statt mit einem bisher großen nun mit einem kleinen Umweg sehen konnte. Am nächsten Tag schmückte ich sein Zimmer weihnachtlich mit Lichterkette und Adventskranz, sodass er zumindest ein heimeliges Gefühl hatte.

In den darauffolgenden Tagen war ich oft bei ihm. Er lebte sich relativ gut ein, auch wenn er sich bewusst war, dass es von dort aus nicht mehr woanders hingeht. An einem Tag, als die Schwester reinkam und ihn zum Essen abholen wollte, fragte er, ob ein bestimmter Herr wieder dabeisitzen würde, mit dem er sich gut verstand. Als diese antwortete, dieser sei am Vortag verstorben, wurde ihm wieder deutlich, was er kurzzeitig immer wieder ausblendete, und er sagte: „Ach, stimmt, wir sind schließlich nicht zum Vergnügen hier", und hatte dabei Tränen in den Augen. Ihm wurde in diesem Moment wieder klar, dass es eine Einrichtung zur Begleitung sterbender Menschen ist. So sehr ich auch versuche, mich in diese Situation einzufühlen, es klappt nicht. Zu wissen, du bist jetzt am Ende deines Lebensweges angekommen. Stelle dir vor, alle Hoffnungen der letzten Monate, du könntest schon bald wieder nach Hause, sind ab diesem Zeitpunkt passé. Ende, Fin, Schlussakt.

Man kann es sich nicht vorstellen und vielleicht ist es auch gut so. In all den Monaten ließen seine körperlichen Fähigkeiten immer mehr nach. Zuerst war er auf Krücken, wenige Monate später auf den Rollstuhl angewiesen. Er bäumte sich immer wieder von Mal zu Mal auf. Immerhin stand die Taufe meiner Nichte an, dann war meine Tochter unterwegs. Er hatte also allen Grund, sein Ableben so weit wie möglich in die Länge zu ziehen. Bei den folgenden Besuchen merkte ich immer wieder, wie schlecht es eigentlich um ihn bestellt war. Obwohl es uns allen klar war, war er doch noch der Alte. Ein Mensch, dessen schlechte Witze nicht jedermanns Sache waren und die trotzdem irgendwie witzig waren, eben auf seine eigene Weise.

Katastrophen in Serie

Meine Mutter wollte ihm die Freude machen und über Weihnachten bei ihm sein. Ist es nicht eine unglaublich tolle Sache, dass man in ein Hospiz sogar seinen Hund mitbringen kann? Sie hatte also den Plan, samt Hund und dem halben Hausrat für einige Tage bei ihm im Hospiz zu übernachten. Eine großartige Sache! So plante meine Mutter im Hintergrund die Überraschung für meinen Vater und informierte sich beim Pflegepersonal, wie alles vonstattengehe.

Sie rief mich an, weil ich sie fahren sollte, und wir besprachen das finale Vorgehen mit Abholen und wieder nach Hause bringen. Wenige Tage später, es war ein Samstagmorgen, hatte ich bereits frühmorgens einige Anrufe meines Bruders auf dem Telefon. Im nächsten Schritt rief ich nahezu automatisch im Hospiz an, um mich zu informieren, wie es meinem Vater ginge. Dort sagte man mir, er sei den Umständen entsprechend wohlauf und habe bereits gefrühstückt. So konnte ich schon mal das Schlimmste ausschließen. Mein Bruder wurde von einer Nachbarin benachrichtigt, unsere Mutter sei im Krankenhaus. Bei ihrer Gassigehrunde mit dem Hund war sie auf Glatteis ausgerutscht, hatte sich die Hüfte und den Oberschenkelhalsknochen gebrochen und war ins Krankenhaus gekommen.

Ich war bereits versucht, meinen Bruder zu fragen, ob das nun ein schlechter Scherz sei oder ob jetzt langsam alles dahingehe. An seinem eindeutig erschöpften Ton konnte ich hören, dass es ihm ähnlich wie mir ging. Dann rief ich die Nachbarin an, die über Nacht den Hund bei sich hatte und mir sagte, sie könne ihn nicht bei sich behalten. Also suchten meine Frau und ich kurzerhand eine Möglichkeit, den Hund unterzubringen. An dieser Stelle sei erwähnt, dass die Geburt unserer Tochter kurz bevorstand und die Tochter meines Bruders zu dem Zeitpunkt auch noch sehr klein war. Beide Familien konnten den Hund nicht aufnehmen.

So fanden wir letztlich in unserer Nähe eine Hundepension, wo wir den kleinen Hund in verantwortungsvolle Obhut bringen konnten.

Währenddessen teilte mein Bruder unserem Vater mit, dass seine Frau nun selbst im Krankenhaus sei und nicht wie geplant „überraschenderweise" zur Übernachtung vorbeikommen könne. Er war natürlich enttäuscht, gleichzeitig machte er sich Sorgen um sie. Wir alle hatten monatelang Sorge um unseren Vater, fuhren ihn in Kliniken, verbrachten viel Zeit an seinem Krankenbett in vielen Pflegeeinrichtungen. Selbst meinen neununddreißigsten Geburtstag verbrachte ich in diesem Jahr auf der Palliativstation mit meiner Mutter und meiner schwangeren Frau.

Wir hatten also alle mit der Sache ausreichend zu kämpfen und irgendwie waren da ja noch die Arbeit und ein bisschen Privatleben. Als dann die Nachricht kam, meine Mutter sei im Krankenhaus, dachte ich kurzzeitig daran, in ein Flugzeug zu steigen und erst wiederzukommen, wenn dieser familiäre Wahnsinn ein Ende hat.

Im letzten Moment

Heiligabend. Zuerst fuhr ich zu meiner Mutter in die Oberpfalz und brachte ihr ein kleines Geschenk vorbei, um anschließend nach Nürnberg zu fahren. Dort besuchte ich meinen Vater und brachte ihm ebenfalls ein kleines Geschenk mit. Als er mich fragte, warum ich schon wieder da sei, sagte ich: „Heute ist Heiligabend, da will ich dich sehen." Sichtlich überrascht sagte er: „Ach so, ja dann fröhliche Weihnachten."

Es dauert für gewöhnlich sehr lange, bis ich Tränen in den Augen habe und vor anderen Menschen weine, aber in dem Moment war mir klar, es könne nur noch ein paar Tage dauern, bis der letzte Moment gekommen ist. Damit lag ich leider richtig. Am folgenden Tag rief ich abends im Hospiz an, weil niemand ihn erreichte. Das war keine Seltenheit, denn manchmal hörte er das Telefon einfach nicht, schlief oder sah nicht auf sein Handy. Die Schwester sagte mir nur, er schliefe an diesem Tag recht viel, was sie kurz vorher meinem Bruder ebenfalls mitteilte. Am zweiten Weihnachtsfeiertag schrieb mir mein Bruder morgens, er fahre jetzt nach Nürnberg, um sich ein Bild über den Zustand machen zu können. Dort angekommen, schrieb er mir umgehend, er schlafe und reagiere nicht auf Berührungen, die Atmung sei flach. Ich fuhr sofort los.

Als ich im Hospiz ankam, fiel mir mein Bruder bereits weinend in die Arme. Eine Schwester stand dabei, ebenfalls Tränen in den Augen. Mein Vater lag mit starrem Blick auf der Seite und regte sich nicht mehr. Ich ließ meinen Bruder los und nahm die Hand meines Vaters. Er regte sich kurz, als ich sagte: „Es ist okay, Dad, wir sind beide da."

Mein Bruder weinte so schrecklich, dass es mir beim Schreiben dieser Zeilen immer noch das Herz zerreißt. Ich fühlte immer wieder den Puls an der Hand unseres Vaters und merkte, die Abstände wurden immer langsamer. Aus seinen Augen kam noch einmal eine Träne, danach sagte die Schwester: „Das sind jetzt seine letzten Atemzüge." Sie waren es. Mein Bruder und ich fielen uns in die Arme, er weinte bitterlich, ich war innerlich leer. Ich fühlte gar nichts. Weder Trauer noch Wut noch sonst irgendetwas. Wir wurden kurz vor die Tür gebeten, sodass die Schwestern unseren Vater auf den Rücken legen und ihn in eine friedliche Position drehen konnten. Als wir wieder reinkamen, hatte er ein leichtes Lächeln auf dem Gesicht und lag friedlich da. Auch wenn ich mir erst mit leichtem Zynismus dachte: *Mei, das haben die aber schön hindrapiert mit einem Tuch um den Hals und Kopf herum und dann ein kleines Lächeln ins Gesicht modelliert"*, fand ich es schön, dass es Teil der Arbeit in einem Hospiz ist, den letzten Moment würdig zu gestalten. „Schön, wenn er lächelt", sagte ich zu meinem Bruder. Dad hatte so viel überstanden. Ihm blieb nur wenig erspart im Laufe der Jahre 2018/2019 und er hatte viel aushalten müssen.

Ich konnte auch deshalb nicht weinen, weil ich froh war, dass es überstanden war. Für alle. Es fiel eine unglaubliche Last von mir und für meinen Vater war es kein Leben mehr gewesen. Er hatte keine Möglichkeit mehr gehabt, so etwas wie einen normalen Alltag leben zu können. Es ging nur noch in eine

Richtung und das mit großen und auch dramatischen Schritten. Im Laufe der Jahre habe ich mir für ihn immer drei Dinge gewünscht:

- Er soll auf jeden Fall siebzig Jahre alt werden. In diesem Alter ist jemand wirklich Senior und man kann auch von „Alter" sprechen.
- Wenn er stirbt, will ich in seinen letzten Momenten bei ihm sein.
- Er soll auf keinen Fall einen langen Leidensweg haben.

Letzteres hat leider nicht geklappt. Dafür freute ich mich an seinem siebzigsten Geburtstag sehr, dass er ihn mit vielen ihm wichtigen Menschen feiern konnte. Ebenso war es ein Geschenk für uns, dass mein Bruder und ich in seinen letzten Momenten bei ihm sein konnten und ich seine Hand halten konnte. Ich sagte wenig später zu meinem Bruder: „So will man doch abtreten – nicht unbedingt im Hospiz, aber im Beisein seiner Söhne." Wir haben alles für ihn getan in dieser schweren Zeit und besonders mein Bruder ist bis ans Äußerste seiner emotionalen Belastung gegangen.

An diesem Tag fuhren wir gemeinsam zu unserer Mutter ins Krankenhaus. Als wir zusammen ins Zimmer kamen und ich mich zu meiner Mutter auf das Bett setzte, las sie bereits in unseren Gesichtern, was passiert war. Ich konnte gerade noch sagen: „Wir haben vorhin Dad verabschiedet", da brach es bereits aus ihr heraus. Schnell wieder gefasst, konnte sie nicht an sich halten und wollte ihn ein letztes Mal sehen. Also sagte ich, ich würde sie fahren, auch wenn sie gerade frisch operiert worden und alles andere als problemlos transportfähig war. Wieder im Hospiz angekommen, lag er nach wie vor so friedlich da. So konnte sie sich verabschieden und ich fuhr sie anschließend zurück in die Klinik. Zwei Tage später starb unsere Berliner Großmutter, die Mutter meines Vaters, der es ebenfalls schon einige Wochen zuvor gesundheitlich im Alter von neunzig Jahren sehr schlecht ging.

Schließlich endeten damit die familiären Katastrophen allesamt nahezu gleichzeitig und ich möchte an dieser Stelle den Rückbezug zum vorher genannten Modell herstellen. Denn du wirst beim Lesen festgestellt haben, dass einige Momente sehr deutlich auf einer gewissen Stufe im Modell nach Schuchardt einzuordnen waren. Manche Stufen konntest du nicht zuordnen, weil die Vorgeschichte aus Gründen der drohenden Textfülle von mir nicht skizziert wurde.

Lass uns also gemeinsam noch einmal exemplarisch drei Stationen Revue passieren:

Situation	Mögliche Stufe	Einordnung
Die Aussage *„Es ist schon merkwürdig, dass wir Menschen unserem Körper beim Verfall zusehen können."*	**Stufe 5: Depression**	Er war zu diesem Zeitpunkt erschöpft von den dauernden Klinikaufenthalten und merkte, dass ein normaler Alltag schwand.
Umzugswunsch in ein Hospiz	**Stufe 6: Annahme**	Er akzeptierte die nahende letzte Etappe
Eigenständige Entlassung von der Palliativstation und Aufnahme in ein Seniorenheim.	**Stufe 7: Aktivität**	Mein Vater wurde aktiv und übernahm selbst wieder das Steuer.

Nun wünsche ich dir von Herzen, dass du dieses Buch nicht in Händen hältst, weil dir selbst aktuell eine derartige Geschichte widerfährt. Denn es war heftiger Stoff und ich danke dir, dass du dich darauf eingelassen hast. Ich habe es damals, während alles passierte, als Bewältigung aufgeschrieben und merkte beim Anpassen und Umformulieren für dieses Buch, dass ich das Thema zwar gut verarbeitet habe, es aber immer ein Teil meiner Biografie bleiben wird.

Dieses Aufschreiben von Gedanken oder auch von fiktiven Briefen ist eine sehr wirkungsvolle Weise, sein Inneres zu reflektieren und ins Außen zu verlagern. Auf diese Weise ist es möglich, sich zu ordnen und Gedankengänge nachzuvollziehen. So möchte ich dir im nächsten Kapitel erläutern, was du tun kannst, um dich für derartige Krisen weit vorher zu stärken.

IV. Rock on: Sich selbst managen

„We do not learn from experience.
We learn from reflection on experience."
John Dewey (Amerikanischer Pädagoge)

Im Gegensatz zu den Tieren haben wir Menschen ein Bild von uns selbst und ein Bewusstsein über uns. Wir sind in der Lage, unser eigenes Handeln zu bewerten und über uns selbst Überlegungen anzustellen. Der Entwicklungspsychologe Lutz Eckensberger sprach Ende der 90er-Jahre von *„potenziell selbstreflexiven Subjekten"* und meinte damit, dass wir Menschen zwar das Potenzial zur Selbstreflexion haben, dies aber längst nicht immer nutzen. Sicher gibt es den einen oder die andere, die von Natur aus etwas achtsamer mit sich und der Umwelt umgehen, aber häufig sind wir alle im Alltag mit tausend Themen im Kopf unterwegs. Da sind der Vollzeitjob, die Familie und ein kleines bisschen Hobby am Ende des Tages. Das alles zu managen reicht aus, um inklusive Schlaf vermeintlich alles erledigt zu haben.

Sich dann auch noch mit den eigenen Gedanken zu beschäftigen und sozusagen sich selbst zu managen, wäre eine aktive Handlung, die am Ende des Tages für viele zu anstrengend ist und auch Zeit kostet. Ich möchte dir deshalb drei Methoden der „Innenschau" vorstellen, die wahlweise etwas länger dauern oder eben auch sehr schnell gehen. Gehörst du zu den oben skizzierten Leuten, ist die folgende Methode etwas für dich.

Instant-Selbstreflexion mit der Handformel

„Reflexion" kommt aus dem Lateinischen und meint so viel wie „zurückbeugen" und damit die Rückschau auf Erlebtes und eine differenzierte Betrachtung. Aus der Analyse lassen sich Erkenntnisse gewinnen und Handlungen für die Zukunft ableiten.

Ein Vorgehen, das auch im Coaching gerne als Werkzeug mitgegeben wird, ist die Handformel zur Selbstreflexion. Die von dem Wirtschaftswissenschaftler und „Zeitmanagement-Papst" Lothar Seiwert erdachte Methode ist effektiv, wenn es schnell gehen muss und man kann das Vorgehen jederzeit anwenden. Wie der Name der Methode schon erahnen lässt, brauchst du dafür deine Hand und fünf Finger. Mit dieser Formel stellst du deinen persönlichen Ist-Zustand für dich dar und regst dich zum Nachdenken darüber an:

Daumen = Denkergebnisse

Frage: Was habe ich heute/letzte Woche/letztes Jahr dazugelernt?
Dabei geht es um Erkenntnisse, die man im Laufe eines bestimmten Zeitraums gewonnen hat, und was man dazugelernt hat. Auf diese Weise überdenkt man einerseits eigene Lernerfahrungen, andererseits gelangt neues Wissen so in deinen Langzeitspeicher. Das geht jeden Abend vor dem Zubettgehen und dauert wenige Minuten! Durch das Nachdenken über Gelerntes lernt man also. Klasse, oder?

Zeigefinger = Zielerreichung

Frage: Wo bin ich meinen Zielen nähergekommen?
Lasse einmal deinen Alltag Revue passieren und überdenke, mit welcher Aktivität du deinen Zielen nähergekommen bist. Das regelmäßige Reflektieren über diese Frage lenkt deinen Fokus in

Richtung deiner Ziele. Viel mehr noch: Es motiviert dich, Ziele überhaupt zu setzen. Diesen Schritt wagen einige Menschen erst, wenn sie in eine Krise geraten und sich Hilfe suchen. Dort vereinbart unter anderem ein Coach oder Berater Ziele mit dem Betroffenen, für die derjenige selbst verantwortlich ist. Sie zu verfolgen, ist essentieller Bestandteil eines Entwicklungsprozesses, der dann zu scheitern droht, wenn jemand seine zunächst ambitionierten Ziele wieder aus den Augen verliert. Diese Übung regelmäßig zu machen, erinnert einen Menschen täglich an seine Ziele.

Mittelfinger = Mentalität

Frage: Wie habe ich mich gefühlt?

Diese Frage regt dazu an, in sich hineinzuhören und die eigenen Gefühle zu erkunden. Sich seinen Emotionen zu stellen, hilft dabei, negative Gefühle zu verarbeiten und einordnen zu können. Wobei hast du dich ärgerlich gefühlt oder warst enttäuscht? Wofür warst du dankbar und was hat dich positiv gestimmt? Mit dieser Übung lernst du mit der Zeit, deine Gefühle einzuordnen, und kannst damit arbeiten. Wenn ich weiß, warum ich in manchen Situationen wütend werde, kann ich nachfühlen, warum das so ist. *„Weshalb bringt es mich auf die Palme, wenn meine Kollegen mit Neuerungen nicht klarkommen und lieber alles beim Alten lassen wollen? Welche Anteile in mir lösen Wut aus?"*, und so weiter … Dieses Erkunden führt in die Selbsterkenntnis und hat den Vorteil, dass man bei vielen Themen, die einen scheinbar von außen angreifen, bei sich bleibt und langfristig Einfluss auf seine Gefühle nehmen kann.

Ringfinger = Ratgeber

Frage: Wie habe ich anderen geholfen?

Hier geht es darum, ob man auch für andere Menschen da war. Egal ob physisch helfend beim Umzug oder mit einem offenen Ohr bei einer Problemstellung. Es ist für einen selbst hilfreich, anderen zu helfen, denn es bringt Wertschätzung und man hat sich selbst gegenüber bewiesen, dass man nicht nur mit den eigenen Problemen befasst sein muss. Gleichzeitig ist es ein guter Indikator dafür, ob du vielleicht ausgenutzt wirst. Hast du bisher vielen Freunden beim Umzug geholfen und bei deinem war jeder von ihnen verhindert? Sollst du immer wieder anderen zuhören, aber wenn du ein Thema hast, sind die anderen zu voll mit ihrem eigenen Zeug? Nimm das erst einmal so zur Kenntnis, aber leite für dich für die Zukunft andere Verhaltensweisen für die Situationen ab. Wer ist schon gerne der seelische Mülleimer für jeden?

Kleiner Finger = Körper

Frage: Was habe ich für meinen Körper getan?
Während das Leben passiert und vor allem während einer Krisenphase vergessen viele Menschen, sich selbst etwas Gutes zu tun. Ich meine damit nicht, sich jeden Abend zu betrinken oder mit ungesundem Essen vollzustopfen, was zunächst als „was Gutes tun" oder „sich etwas gönnen" missverstanden werden könnte. Ich könnte auch sagen, Geist ist Körper und umgekehrt. Gehe sorgsam mit deinem Körper um, esse gesund und bewege dich ausreichend, lautet das Credo und diese Fragen kannst du dir am Ende eines jeden Tages stellen: Habe ich ausreichend Schritte gemacht? War ich spazieren, Rad fahren oder bin einer anderen Aktivität nachgegangen?

Bei der Reflexion der einzelnen Fragen ist die Kunst, dass du dich nicht selbst verurteilst, wenn es nicht so war, wie es scheinbar sein „sollte". Hast du dir vorgenommen, jeden Tag 10 000 Schritte zu gehen und es waren nur 4000, nimmst du das zur Kenntnis und sagst dir: „Okay, demnächst wieder mehr." Oder aber du setzt dir für den kommenden Tag nur ein kleines Ziel darüber, sagen wir 4500 Schritte, und lenkst damit deinen Fokus. Es wird dir auffallen und du wirst merken, wie sehr es dich motivieren kann, wenn du auch derart kleine Ziele erreichst. So gewinnst du Selbstvertrauen, weil du dir selbst ein Ziel gesetzt hast und die Disziplin hattest, es durchzuziehen.

Tagebuch schreiben

Im Gegensatz zur wörtlichen Bedeutung des Begriffs Tagebuch ist damit überhaupt nicht der Zwang verbunden, es auch täglich zu schreiben. Ein Tagebuch kann ein Dankbarkeitsbuch sein, ein Erfolgsjournal oder eben ein Krisenjournal, in dem du dein Krisenerleben dokumentierst und deinen Prozess. Schön, wenn es täglich klappt, auch in Ordnung, wenn du es alle paar Tage schreibst oder wenn dir eben danach ist. Es geht darum, dich selbst während eines Entwicklungs- und Lernprozesses zu beobachten, und nicht jeder Tag ist gleich. Nicht jeden Tag bringt man die Disziplin auf, sich morgens oder abends noch hinzusetzen und handschriftlich seine Gedanken zu notieren.

„Ich reise niemals ohne mein Tagebuch. Man sollte immer etwas Aufregendes zu lesen bei sich haben.“
Oscar Wilde (Irischer Schriftsteller)

Nutzt du es als Krisentagebuch, kann es ein Zeitraum sein, in dem du dein Erleben aufschreibst und so deine inneren Themen nach außen verlagerst. Das kann gerade in einer akuten Phase der Unsicherheit eine sehr wirksame Strategie sein, sich persönlich zu ordnen: Einfach wild drauflosschreiben, was dir gerade zu deiner momentanen Situation in den Sinn kommt und erst einmal nichts damit machen. Lass deine spontan formulierten Sätze so stehen und einige Stunden oder Tage später liest du sie noch einmal mit ein wenig Abstand. Du wirst feststellen, was für eine ungeheure Kraft darin steckt, belastende Gedanken aufzuschreiben. Und in einem nächsten Schritt kannst du ein tägliches, kleines Journal angehen, mit dem du Motivation findest und deinen Blick wieder auf die sonnigeren Tage des Lebens richtest. Mit ein paar wenigen Notizen jeden Abend vor der Nachtruhe kannst du in kurzer Zeit sehr gute Erfolge für eine bessere Stimmung erzielen.

Als Beispiel habe ich dir drei Möglichkeiten hier zusammengestellt, die in „motiviert", „hochmotiviert" und „unschlagbar" eingeordnet sind, um ein Positiv-Tagebuch zu schreiben. So kannst du zunächst für dich herausfinden, wonach dir ist und was dir zu Beginn hilft, bei der Stange zu bleiben. Natürlich kannst du das alles auch in eine Notiz-App auf deinem Smartphone schreiben, es ist jedoch wissenschaftlich gut erforscht, dass die sinnliche Erfahrung des eigenen Schreibens (visuell, auditiv, kinästhetisch) eine positive Auswirkung auf die Entwicklung hat. Auch deshalb lässt man im Coaching seinen Coachee noch ganz oldschool viele Übungen und Gedanken selbst auf Moderationskarten und am Flipchart schreiben. Im Idealfall hast du dir für ein paar Euro ein kleines und schönes Notizbuch und einen gut schreibenden Stift geholt und beginnst jeden Abend, bevor du ins Bett gehst, einige Gedanken aufzuschreiben.

	Motiviert	Hochmotiviert	Unschlagbar
Zeitaufwand	10 Minuten	20 Minuten	30 – 45 Minuten
Notizen	Drei Dinge, die heute positiv waren.	Fünf Dinge, die heute positiv waren.	Zehn Dinge, die heute positiv waren.
	Drei Dinge, für die ich heute dankbar bin.	Fünf Dinge, für die ich heute dankbar bin.	Zehn Dinge, für die ich heute dankbar bin.
	Meine allgemeine Verfassung heute: ☺? ☺? ☹?	Wie war meine Tagesstimmung?	Wie war meine Tagesstimmung?
		Was konnte ich heute lernen?	Was konnte ich heute lernen?
			Wie waren meine Begegnungen/ Beziehungen?
			Was möchte ich morgen angehen oder anders machen?
Ziel	Fokus auf positive Dinge lenken.	Fokus auf positive Themen und Lernerfahrungen (Entwicklung) lenken.	Fokus auf positive Themen, Lernerfahrungen und die eigene, kurzfristige Zukunft lenken.

Die Notiz-Kategorien sind natürlich nur ein Vorschlag. Wenn Geld ein Thema ist, das dich beschäftigt, kannst du auch zum Beispiel einen Satz mit reinnehmen wie: *„Wie habe ich mich heute nach dem Einkaufen gefühlt?"*, oder ähnliche Fragen von dir an dich.

Und ja, es gibt diese Tage, an denen einem nichts Positives einfallen will. Tage, an denen man denkt, die ganze Welt sei gegen einen, und man sich ohnehin fragt, was das alles überhaupt soll. Besinne dich dann auf ganz wesentliche Dinge:

Positiv
- Ich habe Geld zum Leben.
- Ich habe ausreichend zu essen.
- Ich habe ein Dach über dem Kopf.

Dankbarkeit
- Ich bin dankbar, dass ich heute ausreichend Essen hatte.
- Ich bin dankbar für mein Auto/Fahrrad.
- Ich bin dankbar für meine guten Freunde.

Völlig egal, wenn sich Themen doppeln. Du kannst positiv werten, dass du ein Dach über dem Kopf hast und ebenso dafür dankbar sein. Tobe dich aus! Es gibt keinen Lehrer, der dir über die Schulter schaut und sagt: „Nein, das ist falsch. Du darfst <u>nur</u> hier Dankbarkeit empfinden."

Wichtig ist, deinen Blick auf das Positive zu lenken!

Dabei geht es nicht darum, negative Themen zu ignorieren. Es gibt Dinge, die schlimm sind, und Gefühle, die einen erschlagen. Dennoch geht es um den Blickwinkel, den wir einnehmen. Sicher kennst du Menschen, die alles schlechtreden. Denen man nichts recht machen kann und die sich über noch so perfekte Darbietungen ausschweifend auslassen können und damit die ganze Stimmung vergiften. Es ist okay, sich aufzuregen und negative Dinge auch zu benennen. Ich persönlich finde es wichtig, keine toxische Positivität zu leben, sondern eben „Mist" auch so zu benennen. Vielmehr geht es bei der Tagebuchübung darum, den eigenen Blick positiv zu lenken und sich zu disziplinieren, nicht in Selbstmitleid und dystopische Zukunftsvisionen zu verfallen.

Deshalb ist zum Einstieg die „Motiviert"-Kategorie sehr hilfreich, denn du machst das vielleicht zum ersten Mal und es fühlt sich noch ein wenig merkwürdig an. Du wirst jedoch erstaunt sein, wie du mehr und mehr Lust dazu bekommst, dein Journal zu schreiben und deine Gedanken festzuhalten, und weiter bald feststellen, dass dir doch noch viel mehr Themen kommen, die du notieren kannst und möchtest.

Keine Ausreden zum Faktor Zeit! Wenn ich Gespräche mit Bekannten, Freunden, Kolleginnen und Kollegen oder auch Studierenden zu persönlichen Problemstellungen habe, frage ich manchmal: „Hast du deine Gedanken dazu mal aufgeschrieben?", und erhalte dann in 95 % der Fälle die Antwort: „Wann soll ich DAS denn auch noch machen?" Witzigerweise weiß ich von manchen, dass sie allabendlich vor Streamingdiensten hängen und eine Serie nach der anderen durchschauen. Völlig okay für mich, aber dann sind die Prioritäten anders, nicht das Zeitkontingent. Zehn Minuten hat jeder, um seine Gedanken zu notieren. Jeder, der abends vor dem Fernseher dahinvegetiert, und jeder, der sich durch Social Media scrollt. JEDER.

> *„Wer etwas will, findet Wege!*
> *Wer etwas nicht will, der findet Gründe."*
> Dalai Lama (angeblich)

Sicher ahnst du, worauf ich hinaus möchte: Wenn du kontinuierlich deine Gedanken notierst und ihnen dabei einen positiven Fokus gibst, hat das zum einen **positive Auswirkungen auf deine Grundstimmung**. Zum anderen hast du aber auch die Möglichkeit, an nicht so guten Tagen die anderen Tage als **Kraftquelle** zu nutzen und festzustellen, dass es eine Menge positive Dinge in deinem Leben gibt. Denn oftmals bewerten Menschen an einem schlechten Tag alles dermaßen negativ, dass sie für sich ein schlechtes Leben herbeireden, dabei war es nur ein Tag, an dem eben etwas nicht so funktioniert hat, wie man es haben wollte.

Zu guter Letzt hat das Notieren den Vorteil, dass du immer und immer wieder daran erinnert wirst, dass es **auf jeden Fall positive Dinge** in deinem Leben gibt, sollte deine Situation noch so vertrackt und aussichtslos erscheinen.

Andere fragen

Eine beliebte, aber nicht zwingend die beste Variante der Reflexion ist es, enge Vertraute zu fragen. Dabei geht es um dir wirklich nahestehende Personen und nicht um vermeintliche Freunde, die dich in einer Lebenslage scheitern sehen wollen, um sich selbst besser zu fühlen. Damit sind Vertraute gemeint, bei denen du ganz sicher sein kannst, und die dir so nahestehen, dass sie auch den Mumm haben, dir im Zweifel die nackte Wahrheit zu sagen. Jeder Mensch hat einen oder vielleicht zwei Vertraute, bei denen das so ist, und sie werden auch Verständnis haben, wenn du sie um Rat bittest. Das kann eine ganz allgemeine Frage sein wie: „Was bin ich aus deiner Sicht für ein Mensch?", oder spezifischer: „Wie siehst du mich in meiner Rolle als …?" Bedenke dabei immer: Es könnte Antworten geben, die du vielleicht nicht hören möchtest, und du solltest dir im Klaren sein, dass es trotz aller Vorsichtigkeit bei den Formulierungen eure Beziehung belasten kann.

Nicht nur deshalb bevorzuge ich die andere Variante, bei der eher Fremde oder flüchtige Bekannte befragt werden. Problematisch daran ist natürlich die Befremdlichkeit, mit der fremde Leute auf oben genannte Fragen reagieren. Ich habe einst als Teilnehmer in einem Seminar eine Übung gleich zu Beginn mitgemacht, bei der ich zuerst dachte: *„Oha, das würde ich mich als Dozent nicht trauen"*, und fand es anschließend großartig. Zwölf völlig fremde Menschen kamen zu einem Seminar zum Thema „Teamentwick-

lung" zusammen und sollten sich zu Beginn, vor der Kennen-
lern- und Einstiegsrunde, in drei Gruppen zusammenfinden.
In diesen Gruppen sollte sich abwechselnd jeder über einen
anderen äußern, wie derjenige auf den jeweils anderen wirkt.
Daran angeschlossen sollten Annahmen getroffen werden, wie
das Leben des jeweils anderen aussieht und wie die allgemeine
Lebenssituation sein könnte. Nicht jeder hörte das, was er oder
sie gerne gehört hätte, dennoch fanden alle die Übung gut. Wie
oft gibt es schon die Gelegenheit, von anderen zu erfahren, wie
man selbst auf jemand anderen wirkt?! Genial, oder?

Wenn du in Erwägung ziehst, andere zu fragen, behalte unbedingt im Hinterkopf, dass es der Blickwinkel dieser einen
Person ist. Eine Person mit eigenen Werten, die sich nicht alle
mit deinen decken müssen, und denke daran, dass eine Beziehung zu einer vertrauten Person Schaden nehmen kann, wenn
du denjenigen fragst. Es kann aber genauso gut das Gegenteil
passieren.

Zu viel des Guten?

Man kann es auch übertreiben mit dem Selbstmanagement. Denn
ein ewiges Reflektieren, das sich zu einem Dauergrübeln über
sich selbst entwickelt, kann ungesund werden. Wie in so vielen
Disziplinen im Leben, so ist auch das gesunde Über-sich-Nach-
denken ein Training, bei dem man für sich die gesunde Dosis
finden muss. Jede Aussage im Gespräch mit einer anderen Person zu überdenken, kann sich auch ins Gegenteil von gesundem
Reflektieren wenden, wovon ich dir ein fiktives Beispiel einer
jungen Berufseinsteigerin geben möchte, die glaubt, ihrem Chef
gegenüber nicht den richtigen Ton getroffen zu haben:

„Oh Mann, der denkt jetzt bestimmt, ich bin zu vorlaut. Hoffentlich
hat er das richtig verstanden?! Nein. Doch. Oh. Ich muss einfach
klarer und höflicher sein. Lächeln! Nein, das wirkt nicht souverän.

Oder doch? Am besten schreibe ich noch einmal eine E-Mail, um das richtigzustellen. Oder lieber keine schreiben. Oder doch? Ach, ich frage meinen Kollegen, was der dazu meint. Aber der denkt dann auch wieder, ich kann meine Themen nicht alleine lösen. In der Situation müsste ich aber langsam auch reifer werden."

So kommt es, dass man eine Interaktion mit einer anderen Person im Vorfeld bereits völlig fehlinterpretiert, ohne auch nur das Geringste über das Denken seines Gegenübers zu wissen. In der Fachsprache „Dysfunktionale Kognitionen" genannt, führen solche inneren Dialoge nicht selten zu zwanghaften Verhaltensmustern, die krankhafte Züge annehmen können. Lass mich noch eine kleine und populäre Geschichte dazu erzählen, die derartige Vorgänge verdeutlicht:

Die Geschichte mit dem Hammer

Ein Mann will ein Bild aufhängen. Den Nagel hat er, nicht aber den Hammer. Der Nachbar hat einen. Also beschließt unser Mann, hinüberzugehen und ihn auszuborgen. Doch da kommt ihm ein Zweifel: Was, wenn der Nachbar mir den Hammer nicht leihen will? Gestern schon grüßte er mich nur so flüchtig. Vielleicht war er in Eile. Vielleicht hat er die Eile nur vorgeschützt und er hat was gegen mich. Und was? Ich habe ihm nichts getan; der bildet sich da etwas ein. Wenn jemand von mir ein Werkzeug borgen wollte, ich gäbe es ihm sofort. Und warum er nicht? Wie kann man einem Mitmenschen einen so einfachen Gefallen abschlagen? Leute wie dieser Kerl vergiften einem das Leben. Und dann bildet er sich noch ein, ich sei auf ihn angewiesen. Bloß weil er einen Hammer hat. Jetzt reicht's mir wirklich. Und so stürmt er hinüber, läutet, der Nachbar öffnet, doch bevor der „Guten Tag" sagen kann, schreit ihn unser Mann an:

„Behalten Sie Ihren Hammer, Sie Rüpel."
Aus Paul Watzlawick – Anleitung zum Unglücklichsein (2005)

Damit es mit dir nicht so weit kommt, hier noch abschließend ein paar Gedanken zum Thema „Sich selbst kennenlernen".

- Unterscheide Interpretation von Wahrnehmung
- Unterscheide spontane Annahmen und Glauben von objektiven Fakten und
- Glaube nicht alles, was du denkst (verfälschtes Zitat von Heinz Erhardt), oder anders: Du bist nicht deine Gedanken.

Unser eigenes inneres Modell der Welt lässt uns auf die Welt durch alle unsere Wahrnehmungsfilter schauen, die da heißen: kulturelle, soziale und individuell geprägte Filter. Umso mehr ist es eine Kunst, sich innerlich davon zu distanzieren und nur wahrzunehmen und anzunehmen, was ist, statt zu interpretieren und zu werten. Sich selbst besser kennenzulernen ist ein lebenslanger Prozess, den du mit den genannten Vorgehensweisen aktiv steuern kannst.

Das Management deiner Beziehungen

Ein weiterer Aspekt des „Sich-selbst-Kennenlernens" ist das Managen von Beziehungen. Zunächst könnte man denken, es geht zuallererst um die Beziehungen zu anderen Menschen, aber die wichtigste **Beziehung ist die zu dir selbst**. Unmittelbar damit verbunden ist auch die **Beziehung zu deinem Körper** und dann kommt die **Beziehung zu anderen**. Obwohl es durchaus logisch erscheint, mit sich zu beginnen, so setzen wir viel zu oft im Außen bei anderen an, wenn es uns nicht gut geht. Anders gesagt sind deine Beziehungen zu anderen qualitativ dann besser, wenn du mit dir selbst im Reinen bist. Lass uns also einen Blick darauf werfen:

- **Die Beziehung zu sich selbst:** Wir Menschen sind eine eigenartige Spezies. Hätte eine Ente ein anderes Fell als die anderen, wäre eine Kuh als Albino geboren oder fehlte einem Löwen von Geburt an seine halbe Mähne, keiner von den dreien würde auf die Idee kommen, sich zu fragen: „Oh Gott, wie ich wieder aussehe! So kann ich nicht unter die anderen Löwen treten, was sollen die nur denken?"

So etwas gibt es nur bei uns Menschen: das Bewerten eigener und anderer Verhaltensmuster, Äußerlichkeiten und Lebensumstände. So werten wir auch uns selbst und meist ist man selbst sein größter Kritiker. Der eine bewusst, der andere unbewusst und überkompensierend in protzigem Verhalten. Sich seiner selbst bewusst zu werden mit allen Fehlern und positiven Facetten, führt zu mehr Selbstbewusstsein und zu **Selbstakzeptanz.** Schaffst du es, dich selbst in einem Licht als wertvollen Mensch zu sehen, bist du dieser Akzeptanz einen großen Schritt näher.

Dies ist leichter gesagt als getan. Es gibt Menschen, die optimieren an sich herum, legen sich unters Messer, rennen täglich ins Fitnessstudio und gefallen sich am Ende doch nicht. Sie treten dem 5-AM-Club (lesenswertes Buch von Robin Sharma) bei, trinken morgens ihren ekligen Bullet-Proof-Coffee und lesen Tim Ferris rauf und runter. Andere denken, sie müssten schlauer sein und noch mehr Weiterbildungen besuchen, um mit Zertifikaten die Nägel an der Wand zu zieren und anderen zu beweisen, was sie alles können. Führt das alles zu einem Stand, an dem jemand sagt: „Das bin ich, so bin ich und so fühle ich mich gut", ist das eine tolle Sache. Optimiere dich, genieße den Prozess. Aber bitte tue sofort etwas anderes, wenn es für dich nur eine Qual ist und du die Dinge tust, um sagen zu können: „Schaut her, wie toll ich bin und was ich alles kann." Der Weg der Selbstakzeptanz ist kein Sprint, sondern ein Marathon, und er beginnt mit einem Lächeln morgens und endet mit einem Lächeln abends vor dem Spiegel.

Egal wie zerknirscht du morgens bist: Schau in den Spiegel, lächle dich an und tu erst einmal so, als würdest du dich freuen, dich selbst zu sehen. Mach das ein paar Tage und so albern du es auch finden magst, wirst du im Laufe der Zeit positive Veränderungen bemerken.

Im Verlauf dieser Übung richtest du deinen Fokus auf das Positive. Immerhin kann es sein, dass du gerade in einer Krisenphase steckst und alles andere als positiv gestimmt bist. Dann sage dir beim Blick in den Spiegel mit einem leichten Lächeln: „Wow, was du alles schaffst und das wirst du auch überstehen." Dieser offenkundige, positive Dialog hat so viele gute Auswirkungen. Erstens bist du dadurch positiv auf dich selbst ausgerichtet, zweitens hast du dich aktiv mit dir beschäftigt und drittens hast du dir Mut gemacht. Du bist nicht auf die Rückmeldung von außen angewiesen, du gibst dir selbst Kraft! Pflege, wann immer es geht, eine gute Beziehung zu dir, so als wärst du dir selbst dein bester Freund oder deine beste Freundin.

* **Die Beziehung zum eigenen Körper:** Wie der Geist, so der Körper, und umgekehrt. Ist der Geist krank, wird das körperlich sichtbar. Ist der Körper krank, hat es Auswirkungen auf den mentalen Zustand. Bei den Säulen nach Petzold wird deutlich, dass Körperlichkeit ein wichtiges Element der eigenen Identität ist. Ebenso kann eine negative mentale Verfassung, wie etwa dauerhafter emotionaler Stress, Auswirkungen auf den Körper haben. Bluthochdruck und damit Krankheiten des Herz-Kreislauf-Systems können dadurch hervorgerufen werden und andersherum führt ungesundes Essen zu Diabetes, Schlafmangel beeinträchtigt die Konzentration, mangelnde Bewegung führt zu körperstatischen Gebrechen und so weiter.

  Die Botschaft lautet also: **Kümmere dich gut um deinen Körper.** Damit ist nicht gleich Bodybuilding oder Marathonlaufen gemeint. Vielmehr geht es um die Grundlagen gesundheitsfördernden Verhaltens. Wir wissen heute alle sehr genau, dass es nicht besonders gesund ist, sich abends vor dem Fernseher eine Pizza und einen Liter Cola zu gönnen. Wir sind heute sehr gut darüber aufgeklärt, was gesundheitsfördernd ist, und handeln trotzdem so oft dagegen. Rauchen, übermäßiges Essen, mangelnde Bewegung ... Ich stoppe hier mal, denn so fangen die oberlehrerhaften Sätze von Hausärzten und Ökotrophologen an, die einem gesundes Essen „schmackhaft" machen wollen (keiner mag doch ernsthaft Bohnensalat mit Mango und Cashewnüssen?!). Dennoch ist ein gutes Maß an Bewegung und halbwegs gesunder Ernährung ein wichtiger Baustein bei der Beziehung zu deinem Körper.

- **Die Beziehung zu anderen:** Wie im Kapitel zur Identitätskrise erwähnt, ist der Mensch ein soziales Wesen, das andere Menschen in seinem Leben braucht.
Nicht immer hat man dabei die Wahl, mit welchen Personen man sich umgibt. Im besten Falle ist es eine harmonische Paarbeziehung in einer intakten Familie, gute Freundschaften und eine wertschätzende Atmosphäre am Arbeitsplatz, die Raum zum Wachsen bietet.
Leider kann man sich die Menschen um sich herum nicht immer aussuchen. Egal, ob es die Nachbarn, die direkten Kolleginnen und Kollegen oder die Vorgesetzten sind. Manche Interaktionen sind notwendig und man kann sie sich nicht aussuchen. Hinzu kommen die eigenen Ansprüche an andere Personen im Hinblick auf emotionale Nähe und Distanz, an ein Geben und Nehmen sowie an die Kommunikation. Manche Menschen haben regelrechte Probleme bei der Interaktion mit anderen und scheuen sich davor, überhaupt an der Kasse mit jemandem in den kurzen Austausch gehen zu müssen. So sehr, dass sie sich sozial zurückziehen und sprichwörtlich einigeln. Auch wenn wir in unserer heutigen Gesellschaft mit Diagnosen und Pathologisierungen schnell sind, handelt es sich dabei nicht immer sofort um eine schizoide Persönlichkeitsstörung, wenngleich es nicht grundsätzlich auszuschließen ist. Meiner Erfahrung nach fehlt einigen ganz einfach die Möglichkeit, einen Bezug zu anderen, unbekannten Menschen herzustellen. Dieser Sachverhalt, gepaart mit einer unsicheren Haltung, führt in Denkmuster wie „Was denkt der/die von mir?" oder „Ich

mag Menschen nicht und die Menschen mögen mich nicht"
und „Mit Tieren kann ich besser als mit Menschen", die sich
dann auch immer wieder bestätigen.

In der Schulzeit ist das noch einfacher: Wenn ein neues Kind
in der Klasse ist, entsteht im Schulalter schnell eine Beziehung zu den anderen Mitschülern und Freunden auf dem
Fußballplatz, auf dem Pausenhof und in der Turnhalle. Aber
im Laufe des Lebens differenzieren sich diese Freundschaften aus. Paarbeziehungen entstehen, Freunde kommen und
gehen, die Kreise werden enger. Ab diesem Zeitpunkt entscheidet sich, wer von den Freunden es mit ins Erwachsenenalter schafft, wer zurückbleibt und wer in der Ausbildung,
im Studium oder bei der Arbeit neu hinzukommt. Lass mich
nun (endlich) etwas konkreter werden und dir ein paar Impulse dazu an die Hand geben, mit denen du die Beziehung
zu anderen verbessern kannst:

- **Menschen wollen sich gehört, gesehen und wertgeschätzt fühlen.** Hast du selbst das Gefühl, es ist bei dir
  nicht so, gehst du auch so auf andere zu. Deshalb noch
  einmal der Hinweis …,
- … **stimmt die Beziehung zu dir (Selbstakzeptanz),
  gehst du auch mit anderen wertschätzender um.**
  Dieses Wertschätzen heißt echtes Interesse für dein Gegenüber. Interesse für dessen Herausforderungen, Probleme und Ängste. Aber auch für die heiteren Themen und
  Erfolge in dessen Leben.
- **Zeige also echtes Interesse** und wenn es dich nicht vordergründig interessiert, was dein Gegenüber zu erzählen
  hat, dann frage dich während des Erzählens, was du vielleicht aus der Erzählung lernen kannst. Aus den Erfahrungen anderer Personen kann man so viel Wertvolles für
  das eigene Leben lernen, dass man daran wachsen kann.
- **Überdenke die Beziehung,** wenn sich bei dir selten bis
  nie Interesse für den jeweils anderen zeigt. Das mag hart
  klingen, aber wenn du dich nicht mehr für ein gutes Ge-

spräch interessierst und den anderen nur noch als Lagerplatz für deine Themen brauchst, dann ist das eine sehr einseitige Sache, die es durchaus wert ist zu überdenken. Gleiches gilt auch umgekehrt. Hast du den Eindruck, jemand zeigt kein Interesse mehr an dir und deinem Leben, ziehe dich zurück oder sprich es offen an, wenn dir etwas an der Person liegt.

- **Echtes Interesse erkennst du an offenen Fragen** wie dem einfachen „Wie geht's dir?" und natürlich daran anknüpfende Fragen. Meist sind es ohnehin bezugnehmende Fragen zu einem deiner Themen wie: „Wie ist es in dem neuen Job?", „Wie läuft es mit deiner neuen Freundin?" oder „Was macht deine Hausplanung?"
- **Wenn du jemanden noch nicht gut kennst oder gerade kennenlernst,** stelle persönliche Fragen zum Lebensumfeld und zum Beruf. Menschen sprechen gerne über sich und einige plaudern nur so drauflos, wenn es um ihre Arbeit oder ihr Hobby geht. Das lässt dich sympathisch wirken und du signalisierst echtes Interesse. Aber Achtung, es ist kein Verhör, in dem du eine Frage nach der anderen hinterherschiebst. Kommt kein Dialog im Hinblick auf ein gutes Gespräch zustande, lass es sein und akzeptiere das.
- **Beziehungen pflegen:** Letztlich geht es auch darum, gute Beziehungen zu pflegen. Egal ob es um die Partnerbeziehung, die Beziehung zur Familie und zu guten Freunden oder Geschäftspartnern geht, wenn dir etwas an der Beziehung liegt, meldest du dich von dir aus. Und das, ohne zu bilanzieren, wie oft du dich oder der andere sich in den letzten Monaten gemeldet hat.

Das Fazit in der Beziehung zu anderen lautet also: Wenn gegenseitiges, echtes Interesse am Leben des jeweils anderen besteht, dann hast du gute Beziehungen zu anderen. Beziehungsgefüge sind etwas Komplexes und Systemisches, das dich ein Leben lang begleiten wird. Es ist überhaupt nicht notwendig, mit allen Menschen zurechtzukommen, und es gibt keine konfliktfreien Beziehungen. Wenn du eine Handvoll guter Freunde, eine intakte Partnerschaft und ein paar gute Kollegenbeziehungen am Arbeitsplatz hast, sind das wichtige Ressourcen für persönliche Krisenzeiten. Darüber hinaus ist es hilfreich, immer wieder an der Beziehung zu dir selbst zu arbeiten und dabei auch anzuerkennen, dass du nicht immer nur gute Anteile hast.

Mit den eigenen Dämonen arbeiten

Glaubenssätze, Ausreden, Bewältigung, die Arbeit mit der eigenen Identität und Selbstreflexion. All diese angesprochenen Themen betreffen dich als Person im Kontext einer Umwelt, in der du dich zurechtfinden musst. Viel zu oft nerven uns andere Menschen in dieser Umwelt. Sie sind zu laut, zu leise, zu faul, zu undiszipliniert oder zählen zu viele Erbsen, sie sind auf jeden Fall **zu irgendwas**, was dich auf die Palme bringt und weshalb du dich am liebsten nur noch mit wenigen bis gar keinen Menschen umgeben möchtest. Der für dich etwas ernüchternde Teil kommt jetzt. Denn vieles, nicht alles, aber zahlreiche Verhaltensmuster, die dich an anderen nerven, gehen auf deine persönliche Reaktivität auf dieses Verhalten zurück. Klingt dir zu abstrakt? Lass es mich so formulieren: Wenn ich von „eigenen Dämonen" spreche, dann meine ich deine eigenen inneren Anteile, die auf scheinbar negatives Verhalten bei anderen Personen anspringen.

Die in der Verhaltenspsychologie genannten „negativen Projektionen" haben deshalb viel mehr mit dir zu tun, als dir lieb ist. Wie so oft sind auch hier die Schlüssel zur Selbsterkenntnis Achtsamkeit und Wissen. „Projektion" ist ein Konstrukt aus der Psychoanalyse und meint einen Abwehrmechanismus, bei dem eigene Antriebe, Werte und Haltungen in andere Menschen hineingedeutet werden. So führt eine Projektion für den Ausübenden vordergründig zur psychischen Entlastung, weil er oder sie sich nicht weiter mit seinen eigenen unerwünschten Themen befassen muss, denn sie wurden in jemand Außenstehenden verlagert.

Eine negative Projektion ist also etwas, das wir an einer anderen Person (emotional aufgeladen) kritisieren. Die emotionale Tiefe dieser Kritik ist ein wichtiger Hinweis auf dein eigenes, unbewusst unerwünschtes Verhalten. Kritik an anderen zu üben, ist der Umweg, um einer Auseinandersetzung mit sich selbst zu entgehen. Ist das nicht spannend? Da lästert man, arbeitet sich an anderen ab und müsste am Ende feststellen, dass es viel mehr mit einem selbst zu tun hat, als einem lieb ist. Nicht immer ist es so, dass alles Lästern und Psychohygiene betreiben gleich ein für dich emotional ungelöstes Problem darstellt. Vielmehr erkennst du an der emotionalen Intensität, wie viel davon mit dir zu tun hat und kannst damit arbeiten. Denn bei der Projektion wehren wir uns unbewusst gegen unsere eigenen, weniger erwünschten Seiten. Unerfüllte Wünsche oder starke Emotionen, die wir nicht haben wollen, werden auf andere Personen projiziert und dort bekämpft. Diese Themen, für die sich jemand vielleicht schämt oder bei denen jemand mangelndes Zutrauen in sich hat, werden in anderen Personen erkannt und abgelehnt. In der Literatur (u. a. Becker-Pfaff & Engel 2006, Fallbuch Psychiatrie) werden dazu unterschiedliche Beispiele herangezogen, wovon ich drei zum besseren Verständnis skizzieren möchte:

- Ein regelmäßig durch Aggressivität auffallender Jugendlicher beschreibt seine Umgebung als aggressiv.
- Jemand, der die eigene Homosexualität unterdrückt, hat keine Toleranz gegenüber homosexuellen Personen.
- Eine Studentin mit Prüfungsangst akzeptiert diese vermeintliche Schwäche bei sich nicht. Stattdessen sorgt sie sich um eine Freundin, die „hoffentlich nicht vor lauter Prüfungsangst durchfällt."

Setze als Beispiel gerne alles ein, was dich persönlich auf die sprichwörtliche Palme bringt. Diese „Palme" sind die in der Traumatheorie genannten Trigger und Auslöser für emotionale Ausnahmezustände. Heute wird der Begriff „Trigger" inflationär für sehr viele Bereiche in Medien und Politik verwendet. Im Kontext der Sozialpsychologie sind es Auslöser, die emotional kritische Punkte wachrütteln und das so weit, bis ein emotionaler Ausnahmezustand entsteht, und vielleicht so weit, dass jemand in eine Krise rutscht. Nicht immer muss es gleich so weit kommen.

Findest du in dir diese kritischen Punkte, notiere dir die Situation und kümmere dich noch einmal darum, wenn du mit dir alleine darüber nachdenken und deinen Emotionen freien Lauf lassen kannst. Akzeptiere diese Anteile in dir, die durchaus auf Neid, Missgunst und Verachtung aus sind und anderen Personen etwas nicht gönnen. Deine Anteile, die anderen ihre Zufriedenheit, ihren Wohlstand, ihren gesellschaftlichen Status oder ihre stabilen Beziehungen nicht gönnen.

Akzeptiere deine Dämonen und sie werden ruhiger. Sie werden nie ganz weggehen, aber sie wollen gesehen werden und sie gehören zu deiner Persönlichkeit. Vielleicht verschwinden die einen und es kommen neue hinzu. Sie zu kennen ist der beste Weg, sie im Zaum zu halten und unter anderem für echte Freunde echte Freude zu empfinden und ein zufriedeneres Leben zu leben.

V. Deine Instrumente: Ressourcen für die Krise

In diesem Kapitel sehen wir uns nutzbare Ressourcen und Einflüsse an, die ein Mensch oder auch ein Helfer während einer Krisenphase nutzen kann. Neben der Aktivierung des eigenen sozialen Netzwerks ist die Entwicklung von Lebensperspektiven eine wichtige Ressource für den weiteren Verlauf einer Krise. Hinzu kommt der Stellenwert von Arbeit sowie die Stärkung des Selbstwertes in einer Krisenphase.

Der Psychotherapeut Dr. Claudius Stein versteht unter Ressourcen sowohl unspezifische allgemeine Kräfte als auch individuelle Fähigkeiten des Menschen, die zur Bewältigung von Aufgaben und Anforderungen mobilisiert werden können. Weniger wissenschaftlich definiert heißt es, alle Gegebenheiten für den positiven Verlauf einer Krise zu nutzen.

Bestehende Ressourcen nutzen

Menschen haben im Verlauf einer Krise selten einen positiven Blick auf die eigenen Ressourcen, weil der Selbstwert angeschlagen ist oder das Identitätserleben allgemein bröckelt. Um der Notwendigkeit zur Veränderung, die aus einer Krise entsteht, eine positive Richtung geben zu können, ist es hilfreich, sich seine Ressourcen bewusst zu machen. Auch das hast du im Idealfall schon einmal getan und dir klargemacht, dass du schon sehr viele Problemstellungen in deinem Leben gemeistert hast, sonst wärst du auch nicht mehr hier. Nutze also ...

... Persönliche Ressourcen: Hierzu zählt alles, was du als Person an Fähigkeiten und Persönlichkeitsmerkmalen mitbringst. Ein hohes Maß an Kommunikationsfähigkeit, eine positive Grundüberzeugung über die Welt und das Leben sowie ein sonniges Gemüt können solche Ressourcen sein.

... Instrumentelle Ressourcen: Ein sehr wichtiger Teil deiner Ressourcen, denn hier geht es um Problemlösefähigkeiten. Gab es schon einmal eine ähnliche Situation? Wie hat sich diese positiv entwickelt und was hast du getan? Hat sich die Situation negativ entwickelt, tue das Gegenteil. Welche Erwartungen hast du an den Verlauf einer Krisensituation?

... Soziale Ressourcen: Deine Lebensbedingungen spiegeln auch deine sozialen Ressourcen. Welche finanziellen Möglichkeiten sind vorhanden? Bist du in ein stabiles soziales Netzwerk eingebunden? Hast du einen Arbeitsplatz? Dies sind alles Fragen, die in diesem Zusammenhang spannend sind. Insbesondere funktionierende Netzwerke sind eine wichtige Ressource auf dem Weg aus der Krise.

Funktionierende Netzwerke

Mit (herkömmlichen) „sozialen Netzwerken" ist die Einbindung eines Menschen in eine soziale Umwelt gemeint, die eine funktionale, räumliche und soziale Verbindung zwischen Menschen ermöglicht. Dazu zählen Familie, Freunde, Nachbarn oder auch Arbeitskollegen und Vorgesetzte. In den seltensten Fällen sind es die „Social Media"-Netzwerke, die bestenfalls eine Ergänzung bieten, wenn sich Selbsthilfegruppen online treffen und man von einem Erfahrungsaustausch partizipieren kann. Reale Netzwerke bilden in ihrer Gesamtheit ein komplexes Geflecht, in dem jemand unterschiedlich intensive Kontakte hat. Das herauszufinden ist oft für den Betroffenen selbst nicht immer einfach, weshalb es hilfreich ist, sich seine Kontakte in Nähe und Distanz zu gruppieren und für sich zu kommentieren:

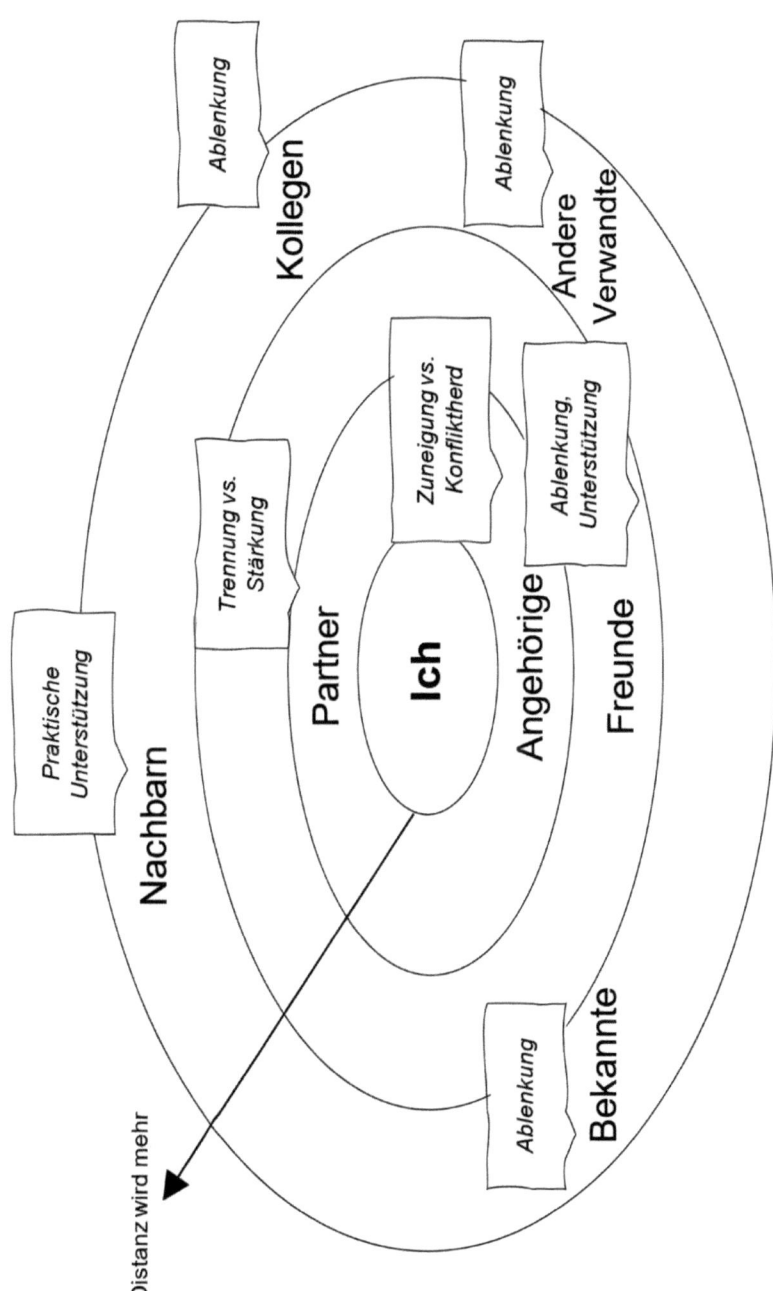

Ich

Partner

Angehörige

Nachbarn

Kollegen

Andere Verwandte

Freunde

Bekannte

Zuneigung vs. Konfliktherd

Ablenkung, Unterstützung

Trennung vs. Stärkung

Praktische Unterstützung

Ablenkung

Ablenkung

Ablenkung

Distanz wird mehr

Dieses exemplarische Schaubild zeigt auf, wer dir nahesteht und wie der Einfluss auf die Krise sein kann. Nicht verwunderlich ist, dass dir nahestehende Menschen auch gleichzeitig das größte Potenzial bergen, eine Krise auszulösen. Sei es durch Krankheit und damit verbundene Verlustängste, Konflikte oder ökonomische Diskussionen im Erbschaftsfall. Auch Freunde können sowohl als auch sein. Das Prinzip dahinter ist logisch:

Je intensiver die Beziehung, desto intensiver die Emotionen …

… und desto höher ist das Potenzial für einen Krisenauslöser.

Nun geht es hier jedoch um funktionierende Netzwerke. Insofern ist es wichtig, in diesem Schaubild alle Personen aufzuzeigen und zu markieren, die dir eine Stütze sein können, wenn es eng für dich wird. Im besten Fall hast du dir über so etwas Gedanken gemacht, bevor die Krise da ist. Im noch besseren Fall brauchst du es gar nicht, weil du ausreichend Leute kennst, in einem Verein engagiert bist und ein Netz hast, das dich auffängt. Eine Handvoll guter Freunde, eine stabile Partnerschaft und einen soliden Arbeitsplatz zu haben ist also die halbe Miete bei einer persönlichen Krise.

So ein Netzwerk ist wohldosiert zu nutzen. Denn wie du selbst haben auch die Menschen in deinem Leben ihre eigenen Sorgen und Problemstellungen. Auch deshalb ist es nicht verwunderlich, dass gerade die engen Freunde nicht immer sofort ein offenes Ohr haben, weil sie gerade vielleicht selbst in ähnliche Krisenlagen geraten.

Wenn du dich an das Kapitel mit den Lebenslaufkrisen erinnerst, dann ist das auch keine Überraschung. Freundschaften sind oftmals in einem ähnlichen Alter und durchlaufen in ähnlichen Abständen die gleichen Anpassungsphasen und Veränderungszwänge, mit denen jeder unterschiedlich umgeht. Deswegen reicht es vielleicht auch manchmal, wenn sich Netzwerkpartner durch gemeinsame Unternehmungen stützen und eher beiläufig über Probleme und Herausforderungen sprechen, als beim Nachmittagskaffee auf eine dreistündige Therapiestunde zu hoffen. Manche Menschen reden gerne über ihre Probleme, andere weniger, und gemeinsame Aktivitäten erden diese Art der Beziehung sehr gut. Während eines Wanderausflugs oder bei einem Bowlingabend lassen sich bestimmt mal die einen oder anderen Themen austauschen, aber bedenke dabei stets: Deine Freunde sind keine Therapeuten und mit manchem Thema schlicht überfordert oder haben den Kopf mit ihrem eigenen Zeug voll.

Mal ganz unter uns: Wie reagierst du, wenn dir jemand von einer schlechten Phase oder einer (Job-)Krise erzählt, wenn es dir selbst gerade mit zig Baustellen schlecht geht? Fragst du immer interessiert nach? Weißt du nicht, was du sagen sollst und zuckst mit den Schultern? Oder sagst du vielleicht sogar umgehend, wie es derzeit um dich selbst bestellt ist und beginnst ein Wettrennen um den Opferpokal? Berichtest du schnell von deinem Thema oder suchst gar nach etwas, was von mindestens ähnlicher Intensität ist? Steckst du gar selbst in einem Tief und hast keine Nerven mehr für irgendwelche Probleme, die gar nicht so schwerwiegend wie deine sein können?

Dieses Ringen um den Opferpokal kennst du bestimmt auch, diese „Was soll ich denn da sagen?"-Gegenfragen. Viele Menschen haben auf ihre eigene Weise ausreichend Themen, mit denen sie sich immer wieder abrackern. Überstunden und nervige Kollegen, Hausaufgaben mit den Kindern, die Beziehung zum Partner und zu den Freunden aufrechterhalten und den eigenen Eltern noch ausreichend Zeit widmen. Und dann will jemand seinen seelischen Müll bei dir abladen, wo du selbst seit Wochen die rote Lampe anhast und kurz davor bist, die weiße Fahne zu schwenken?! **„Ziemlich sicher geht es mir schlechter, es kann gar keinem anderen so schlecht gehen!"**

Wenn du das denkst, stehst du so nahe an deinen Themen dran, dass es kaum mehr möglich ist, ausreichend Energie für andere Menschen aufzubringen. Selbst dann nicht, wenn dir diese besonders nahestehen. Es geht dabei dann nur noch um dich. Das nenne ich gerne den **Egoismus der Krise** (in Anlehnung an den Evolutionsbiologen Richard Dawkins und sein Werk „Das egoistische Gen"). Für eine Weile ist das sicher in Ordnung, wenn es aber dein Dauerzustand ist, ist es sinnvoll, etwas zu unternehmen.

Wähle also dein Vorgehen in der Aktivierung von Freunden weise und hole dir anderweitig Hilfe, wenn du nicht weiterkommst. Natürlich sind auch tiefsinnige Gespräche zwischen Freunden oder auch engen Kollegen erlaubt und für die einen passend. Für andere ist ein Bier am Abend mit ein paar pauschalen Sätzen wie „Boah, krasse Sache" oder zusammen bowlen gehen eine ausreichende Ressource. Du kannst diese Menschen für dich in dein längerfristiges Leben mit integrieren und Teil deiner Zukunftsperspektiven werden lassen. Sind sie Teil deines Krisenerlebens oder gar Auslöser, sollten die Maßnahmen anders aussehen.

Lebensperspektiven: Der Blick in die Zukunft

Wenn du in einer Krisensituation bist, kann es sein, dass scheinbar alles aussichtslos erscheint und nichts mehr Sinn ergibt. Du fühlst dich alleine, von der Welt unverstanden, ärgerst dich vielleicht über die Ungerechtigkeiten, die dir widerfahren sind, und jetzt sollst du dich mit deiner Lebensperspektive auseinandersetzen? Ja, genau.

Denn damit sind Sichtweisen und Gefühle gemeint, mit denen du im weiteren Verlauf deines Lebens in die Zukunft schaust. Das funktioniert am besten mit einem Szenario, in dem du dich selbst in einer positiven Zukunft siehst. Hilfreich sind dabei Fragen wie:

- Wie sieht mein Leben in fünf oder zehn Jahren aus?
- An welchem Ort befinde ich mich (Lebensmittelpunkt/ Arbeitsplatz)?
- Was tue ich?
- Wie fühle ich mich?
- Mit wem verbringe ich meine (Lebens-)Zeit?

Diese Fragen funktionieren weniger in einer akuten Krisenphase. Vielmehr ist es hilfreich, im Verlauf der Krise, am besten unter Anleitung, diese Fragen zu beantworten. Aber auch du selbst kannst dir ein guter Coach sein und mit diesen Fragen arbeiten. Es geht darum, eine Zukunft in deinem Kopf zu kreieren, in der du dich und dein Umfeld positiv siehst, ganz gleich, wie du es gestaltest. Darüber hinaus ist es eine sehr gute Übung zum Schutz vor der Chronifizierung des Krisenerlebens, weil du dir Perspektiven schenkst und es ein „Danach" gibt.

Mache diese Übung immer wieder und stelle dir deine Zukunft so bunt wie möglich vor, gib ihr einen Soundtrack, intensiviere die Farben und Gerüche (wenn du dich zum Beispiel in der freien Natur bewegst). Bleibe dabei konsequent in Zukunftsperspektiven und vermeide ein nostalgisches Schwelgen in Erinnerungen. Du kannst an positive Dinge und Themen aus deiner Vergangenheit durchaus anknüpfen und Teile davon in deine Zukunft integrieren. Es geht jedoch darum, dir eine lebenswerte Zukunft in deinem Geist zu erschaffen. Du wirst erstaunt sein, wie alleine diese Vorstellung deine Stimmung hebt.

Dieses stete Daran-Denken und sich darauf einzulassen, dass es eine positive Zukunft für dich gibt, wird zu deinem inneren Antrieb. Je klarer du dein Leben in den kommenden Jahren siehst und für dich ausschmückst, umso besser werden auch die kommenden Tage. Sicher ist es wichtig, dabei realistisch zu bleiben. Siehst du dich als glücklichen Menschen in einer intakten Beziehung in einer netten Wohnung am Stadtrand oder stellst du dich dir auf einer Jacht im Hafen von Monte Carlo vor, umgeben von Reichen und Schönen, und Geld spielt keine Rolle mehr? Das kannst du natürlich tun, aber es gibt in deinem Kopf einen echten Bremser in Form deiner Vernunft, die dir sagen wird: „Das geht nicht." Auch wenn es grundsätzlich möglich ist, durch Lottogewinne, riskante Spekulationen oder andere vermeintliche Abkürzungen diese Ziele zu erreichen, so ist es doch hilfreich, ein realistisches Szenario zu kreieren, das sich für dich auch richtig anfühlt und greifbar ist.

Der Stellenwert von Arbeit

Nun, ich gebe zu, als Leiter einer Inklusionsfirma werbe ich gerne für das Thema Arbeit. Auch wenn es in meiner Rolle nicht immer heiter Sonnenschein ist und schwierige Themen gibt, gehe ich sehr gerne arbeiten. Arbeit ist mehr als nur sein Geld zu verdienen und damit Rechnungen zu bezahlen. Auch wenn es ganz nüchtern betrachtet am Ende so ist, so haben viele Arbeitnehmer ihr soziales Umfeld vorwiegend am Arbeitsplatz. Eine besondere Überraschung ist das nicht, denn immerhin verbringen wir vierzig Stunden und mehr oder auch ein paar Stunden weniger dort und sind von Leuten umgeben, die wir während unserer wachen Lebenszeit häufiger sehen als unsere Familie, Freunde und weitere Verwandte. Kolleginnen und Kollegen wissen oft mehr über die Sorgen und Nöte einer Person als dessen direktes privates Umfeld. Lass mich ein paar Punkte formulieren, warum Arbeit so einen wichtigen Stellenwert im Leben eines Menschen hat und mehr ist als nur Broterwerb:

- **Soziale Kontakte:** Es müssen nicht immer gleich Freundschaften entstehen, aber zwischenmenschliche Interaktionen und der Austausch mit Gleichgesinnten in ähnlicher Funktion stärken den eigenen Selbstwert ungemein. Außerdem ist der Arbeitsplatz eine Möglichkeit, mit Menschen in Kontakt zu kommen, mit denen man privat eher weniger zu tun hätte.

- **Lernen und Wachsen:** Der Arbeitsplatz kann ein Raum für persönliches Wachstum sein. Neben vielen Erfahrungen, die man dort selbst machen muss, um sattelfester in seiner Tätigkeit zu werden, lernt man auch von Kolleginnen und Kollegen oder von Vorgesetzten einiges. Lässt man sich persönlich darauf ein, dass man von dem Wissen seiner Mitstreiter profitieren kann, ist der Arbeitsplatz ein genialer Lernort. Wird eine Kultur des Lernens und des persönlichen Wachstums in einem Unternehmen gefördert, ist das die beste Voraussetzung für Mitarbeitende.
- **Selbstwirksamkeit:** Mit deiner Arbeit schaffst du etwas. Entweder unterstützt du die Arbeit, die in der Produktion oder im Verkauf geleistet wird, in Form von Verwaltung und Personalbeschaffung oder du bist direkt Teil der Wertschöpfung. Geleistete Arbeit hat einen Wert für das Unternehmen und jeder ist wichtig. In deiner Rolle hast du sicher schon einige Problem- und Fragestellungen aus eigener Kraft positiv bewältigt und auf diese Weise positive Erfahrungen gemacht. Vielleicht kommt dein Vorgesetzter stets auf dich zu, wenn es brenzlig wird, weil du gute Ideen hast oder etwas besonders gut kannst.
- **Ablenkung:** Egal was in deinem Leben passiert, Arbeit lenkt ab. Unabhängig davon, welcher Tätigkeit du nachgehst, bist du am Arbeitsplatz gezwungen, dich mit anderen Sachverhalten auseinanderzusetzen, als deine Gedanken um ein Krisenthema kreisen zu lassen. Es geht dadurch nicht weg, rückt jedoch zeitweise in den Hintergrund.
- **Dein Beitrag:** Mit deiner Arbeitskraft trägst du dazu bei, dass dein eigener Arbeitsplatz erhalten bleiben kann, dass deine Kolleginnen und Kollegen weiterhin Arbeit haben und sogar, dass andere Menschen in anderen Unternehmen arbeiten können und ebenfalls ihr Geld verdienen. Du trägst dazu bei, dass der Sozialstaat funktioniert, weil du nicht unerhebliche Abgaben leistest, und durch deine Arbeit ernährst du nicht nur dich selbst, sondern auch deine Familie, Haustiere usw. Indem du mit deinem Geld einkaufen gehst, sicherst du weite-

re Arbeitsplätze und vielleicht ist jemand mit seinem Auto zu diesem Arbeitsplatz gefahren, dessen Fahrersitz oder Lenkrad du vor wenigen Wochen noch montiert hast. Ich könnte noch ewig weitermachen, aber du merkst, was ich damit meine. Das kleine Licht, das viele denken zu sein, hat einen unglaublichen Wert innerhalb des gesamten Systems und darauf kann sich jeder arbeitende Mensch durchaus etwas einbilden.

Mit all diesen Ausführungen will ich auf eins hinaus. Wenn du einen Arbeitsplatz hast, ist das eine sehr gute Ressource für eine anstehende Krise. Selbst wenn du dich deshalb krankschreiben lassen musst und eine Zeit lang ausfällst, weißt du, dass du dort gerne gesehen bist und ein wichtiger Teil deiner Organisationseinheit bist.

Mir ist völlig klar, dass der eine oder die andere sich beim Lesen der letzten Zeilen in Gedanken an den eigenen Arbeitsplatz dachte: *„Bei uns ist es total übel, meine Arbeit macht mich krank.“* Das glaube ich dir aufs Wort und würde dich deshalb unbedingt dazu anhalten, umgehend etwas gegen diese Situation zu unternehmen. Ein paar Inspirationen dazu hast du vielleicht schon bis hierher entdeckt. Und wenn du arbeitsuchend bist, dann können die genannten Punkte eine Motivation sein, mit der Fallmanagerin zu sprechen, wie der Weg dahin aussehen kann.

Dein „Gewordensein“ verstehen

Wir haben mittlerweile über viele Reaktionen, die Menschen durchleben können, gesprochen. Ein wichtiger Baustein auf dem Weg durchs Leben sind die individuellen Werte, die letztlich deine Annahmen über Gut und Schlecht in der Welt für dich als Orientierung festigen. In Auseinandersetzung mit der sozialen Umwelt wie den Eltern, Freunden und Kollegen, gepaart mit den genetischen Anlagen, entsteht auf diese Weise ein Gesamtbild von jemandem über sich, das sich aus dem **Selbstkonzept,** dem **Selbstwert** und der **Selbstwirksamkeitserwartung** zusammensetzt. Die nachfolgende Übersicht verdeutlicht dieses Bild:

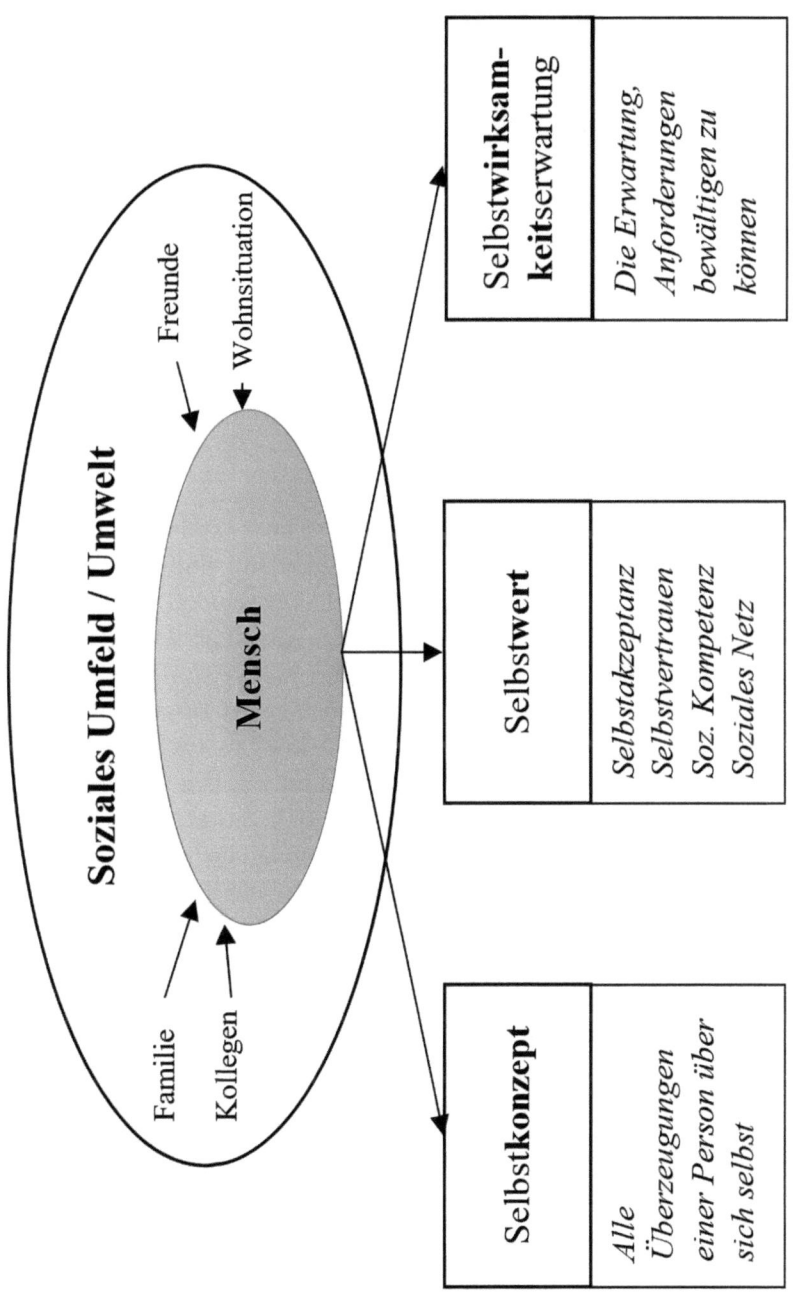

Soziales Umfeld / Umwelt

Freunde

Wohnsituation

Familie

Kollegen

Mensch

Selbstwirksam-keitserwartung

Die Erwartung, Anforderungen bewältigen zu können

Selbstwert

*Selbstakzeptanz
Selbstvertrauen
Soz. Kompetenz
Soziales Netz*

Selbstkonzept

Alle Überzeugungen einer Person über sich selbst

Alle drei Bereiche sind für die Bearbeitung einer Krise von Relevanz. Hier kannst du als helfende Person Einfluss nehmen, aber auch wenn du selbst in einer Krise bist, gut damit arbeiten. Man muss sich nicht zwingend mit allen drei Punkten in der Tiefe befassen, es reicht, in einem ersten Schritt zu wissen, ob jemand glaubt, Anforderungen gut bewältigen zu können (Selbstwirksamkeitserwartung), jemand sich in einem anderen Licht als vorher sieht (Selbstkonzept) oder sich selbst niedermacht und ein Problem mit seiner Selbstakzeptanz hat (Selbstwert).

Selbstkonzept

Obwohl die wissenschaftliche Definition über das Selbstkonzept nicht einheitlich ist und nicht einmal ein einheitliches Wording zugrunde hat (zum Beispiel Selbstmodell, Selbstschema, Selbstbild), tauchen in nahezu allen Publikationen ähnliche Faktoren auf. Im Allgemeinen kann sich demnach alles darin finden, was sich eine Person selbst zuschreiben und was sie bewerten kann. Der eigene **Körper, soziale Beziehungen**, **Leistungsfähigkeit** und die eigenen **Gefühle** sind Teil der möglichen Einstellung zu sich. Zur genetischen Veranlagung gehören unter anderem die individuelle Gemütsart oder allgemeine körperliche Faktoren wie Körpergröße und Aussehen.

Für das eigene Leben spielt das Selbstkonzept eine wichtige Rolle (sonst würde ich dir den Text ersparen). Es dient als eine Art interne Regulierungsbehörde in Interaktion mit dem Außen. Unabhängig davon, was dir im Leben widerfährt oder welche Steine man dir in den Weg gelegt hat, warst du sicher schon einmal an dem Punkt, wo du dir gesagt hast: „Ich bin halt so", oder „Das ist bei mir eben so". Es gibt also Annahmen von dir über dich, mit denen du im Einklang bist, und bei denen du zunächst auch nicht davon ausgehst, etwas daran verändern zu müssen.

Wenn Menschen in eine Krise geraten, gerät auch das Selbstkonzept ins Wanken. Vielleicht ist die Leistungsfähigkeit durch starke Krankheit beeinträchtigt oder der Gefühlshaushalt aufgrund angespannter Beziehungen durcheinander. Je mehr dieser Faktoren beeinträchtigt sind, desto gesicherter ist, dass ein Mensch in eine Krise über sein Leben gerät. In Anlehnung an Richard David Precht kommt dann unweigerlich die Frage „Wer bin ich und wenn ja, wie viele?" im Sinne von Selbstzweifeln auf. Wenn ein Krisenereignis dich in deinen Grundfesten so erschüttert, dass du an dir zweifelst, sind es oftmals Krisen, bei denen ein Betroffener von sich glaubt, er hätte aktiv dem Ereignis etwas entgegensetzen können. Das hört man sehr gut an Sätzen, die wie folgt beginnen:

> „Hätte ich das nicht getan, dann ..."
> „Ich hätte doch nur, dann ..."
> „Wäre ich nicht so, dann ..."

So ist es nicht verwunderlich, dass ein wankendes Selbstkonzept auch direkte Auswirkungen auf den Selbstwert eines Menschen hat.

Selbstwert

Streng genommen geht es hierbei um das Selbstwert-**Gefühl,** das durch die Säulen **Selbstakzeptanz**, **Selbstvertrauen**, **soziale Kompetenz** und **soziales Netz** entsteht. Ein positiver Selbstwert ist die Wertschätzung des eigenen Verhaltens, der eigenen Fähigkeiten sowie weiterer persönlicher Eigenschaften. Eine Geringschätzung dieser persönlichen Aspekte hätte einen niedrigen Selbstwert und damit ein geringeres Selbstwertgefühl zur Folge.

Selbstwert			
Selbstakzeptanz	**Selbstvertrauen**	**Soziale Kompetenz**	**Soziales Netz**
Positive Einstellung zu sich selbst	Positive Einstellung zu den eigenen Fähigkeiten und Leistungen	Erleben von Kontaktfähigkeit	Eingebundensein in positive soziale Beziehungen
Zufriedenheit mit sich als Mensch Mit sich einverstanden sein Sich persönlich wertschätzen Eins mit sich sein, in sich ruhen Sich in sich selbst „zu Hause" fühlen	Etwas ... ... gut können ... zu erreichen ... durchhalten ... lassen können	Kontakt zu anderen Menschen herstellen können Sich schwierigen Situationen gewachsen fühlen Flexibel reagieren können Positive Resonanz spüren Nähe und Distanz für sich regulieren können	Zufriedenstellende Partnerschaft Befriedigende Beziehungen in der Familie Sich verlassen können und verlässlich sein Freunde halten Wichtig sein für andere
Bezogen auf die eigene Person an sich		**Bezogen auf andere Personen**	

Diese Zusammensetzung des Selbstwerts ist sehr individuell und kann je nach Krisensituation unterschiedlich ausgeprägt sein. So kann es sein, dass jemand ein gutes soziales Netz mit Freunden, Verwandten und Bekannten hat, außerdem aufgrund seiner Arbeit als Kundenberater für Weißware eine gute Kontaktfähigkeit gegenüber anderen Menschen besitzt, jedoch unzufrieden mit sich selbst ist und gerne mehr aus sich gemacht hätte (Selbstakzeptanz). Damit einhergehende negative Gedanken können sich auf die eigenen Leistungen mit Äußerungen wie „Hätte ich mal mehr in meine Bildung investiert" oder „Ich bin unfähig, mich zu verändern" zeigen (Selbstvertrauen). Sind also eine oder mehrere Säulen geschwächt, so wird der Selbstwert instabil, was sich an unterschiedlichen Stellen einer Person zeigen kann.

Daran erkennst du einen beeinträchtigten Selbstwert

Sprache ist ein wichtiger Zugang zum Seelenleben eines Menschen. Redet jemand viel oder wenig, eher bedächtig oder offenbart sich jemand, hält sich zurück, legt sich jemand fest oder weicht aus, redet jemand schlecht über andere oder über sich, all das sagt sehr viel über die Person aus und damit kann er oder sie auch arbeiten. Der Schlüssel liegt wie so oft am Erkennen:

- Allgemein geringe Belastbarkeit
- Schnelle Kränkbarkeit
- Probleme in sozialen Beziehungen
- Häufig negative Äußerungen über eine Person
- Abwerten der Leistungen anderer
- Umgehendes Erwähnen eigener Leistungen, wenn jemand einen Erfolg mitteilt
- Versagensängste und Vermeidung von Prüfungssituationen
- Angst vor sozialer Rückmeldung („Was sollen die nur denken?")
- Unbegründete Schuldgefühle

Menschen mit einem niedrigen Selbstwert können diesen auch überspielen und geben sich besonders selbstsicher, was wiederum zur Abwertung anderer führen kann. Übrigens ist es durchaus möglich, dass jemand mit sich und seiner Umwelt zufrieden ist, also insgesamt einen stabilen Selbstwert hat, dieser aber in Gegenwart anderer Personen instabil wird. Dies geschieht dann, wenn man sich der anderen Person gegenüber unterlegen fühlt und statt Achtung oder Wertschätzung gegenüber den Leistungen des anderen diesen aktiv oder passiv abzuwerten versucht (siehe auch Soziale Vergleiche im nachfolgenden Kapitel). Aktiv bedeutet, denjenigen immer wieder auf Fehltritte aus seiner Vergangenheit hinzuweisen („Vor dreißig Jahren hattest du mal eine Sechs in einer Mathearbeit") oder passiv, indem man die Person in deren Abwesenheit vor anderen schlechtredet und die Leistungen herunterspielt („Konnte sich das ohnehin nur leisten, weil er/sie geerbt habt, das war keine eigene Errungenschaft."). Auch deshalb heißt es: Was jemand über dich in deiner Abwesenheit sagt, sagt mehr über denjenigen aus als über dich selbst.

Letztlich sind die Versuche der Abwertung im Umkehrschluss der verzweifelte Versuch der Aufwertung des eigenen Selbst. Der eigene Selbstwert wackelt und die Herstellung der Stabilität erfolgt über die Abwertung der anderen Person, der man sich vermeintlich unterlegen fühlt. Dies ist aber nur ein Beispiel, es gäbe zig weitere. Wichtig ist, zu wissen, dass es in einer Krisenphase genau das Gegenteil braucht: Menschen, die einen stärken, die einen verstehen und deinen Selbstwert positiv beeinflussen. Hast du so jemanden nicht in deinem Leben, übernehmen diesen Part Coaches, Sozialberater und Therapeuten. Was du selbst tun kannst, um deinen Selbstwert zu stärken, findest du in Kapitel VI im Abschnitt „Verantwortung übernehmen, aktiv handeln".

Selbstwirksamkeitserwartung

In Gegenüberstellung zum Selbstwert ist die Selbstwirksamkeitserwartung die Beurteilung der eigenen Fähigkeiten. Das bedeutet die Erwartung an die Wirksamkeit der eigenen Kompetenzen, mit einer Situation und den Anforderungen persönlich gut fertig zu werden. Dieses **Kompetenzerleben** ist eine wichtige Ressource im Hinblick auf einen Krisenverlauf. Im Zusammenspiel mit der **Aktivierung** dieser Kompetenzen hat dies Auswirkungen auf die Wahrnehmung der eigenen Selbstwirksamkeit („Ich kann das beeinflussen").

Du fragst dich mittlerweile, was das für dich in der aktuellen Situation bedeutet? Wenn du in eine Krise gerätst, aktivierst du deine Fähigkeiten auf einem gewissen Niveau, der Krise entsprechend. Hegst du währenddessen Zweifel an deren Wirksamkeit, so handelt es sich um eine verminderte Selbstwirksamkeitserwartung im Hinblick auf den Erfolg dieser Aktivität. Das kann zum Beispiel ein jahrelanger Konflikt mit einem Arbeitskollegen sein und du entschließt dich, das Gespräch zu suchen. Bringst du dein Anliegen in Form von Vorwürfen vor, sind etwaige Zweifel an der Aktivität berechtigt. Meist meiden Kolleginnen und Kollegen dann derartige Situationen und rechtfertigen das mit der Killerphrase: „Hat noch nie was gebracht, mit der/dem zu reden." Bereitest du dich jedoch gut vor, sendest Ich-Botschaften und formulierst vorwurfsfrei dein Anliegen, wirst du merken, dass dies eher zu einer Klärung führt. Deine Selbstwirksamkeitserwartung für das nächste Mal steigt („Wenn ich so vorgehe, klappt das").

Es ist also hilfreich, sich ganz bewusst mit seiner Selbstwirksamkeitserwartung auseinanderzusetzen und den Fokus dahingehend zu lenken, was gut funktioniert hat. Das müssen nicht immer zwingend eigene Erfahrungen sein. Du kannst dir auch Vorbilder nehmen oder Menschen, die dir wichtig sind, beobachten oder fragen, wie sie in dieser Situation zurechtgekommen sind. Stellvertretende Ereignisse anderer Menschen, zu denen wir eine positive Bindung haben oder aufbauen können, haben auch einen positiven Einfluss auf unsere Selbstwirksamkeitserwartung.

Das ist deshalb interessant, weil Menschen mit hoher Selbstwirksamkeit motivierter sind, sie setzen sich anspruchsvolle Ziele und arbeiten hart daran, diese zu erreichen. Sie sind auch widerstandsfähiger gegenüber Rückschlägen und geben nicht so schnell auf. Dies führt oft zu höheren Leistungen und einer insgesamt positiveren Lebensgestaltung. Ein weiterer wichtiger Aspekt ist die Auswirkung der Selbstwirksamkeitserwartung auf die psychische Gesundheit. Menschen mit einer starken Überzeugung von ihrer eigenen Wirksamkeit sind in der Regel emotional stabiler und weniger anfällig für psychische Störungen wie Depressionen und Angststörungen. Sie haben die Fähigkeit, Stress besser zu bewältigen und sich schneller von belastenden Ereignissen zu erholen. Der Satz „Wenn es mir schlecht geht, weiß ich, was zu tun ist" begleitet diese Menschen.

Letztlich ist es ein lebenslanger Prozess, seine Selbstwirksamkeitserwartung zu trainieren und mit Situationen besser zurechtzukommen, daraus bestärkt für das eigene Handeln hervorzugehen und positive Erfahrungen zu machen. Das ist auch der Grund, warum uns manche ältere Person so gesetzt und in sich ruhend vorkommt. In einem bereits länger andauernden Leben hat jemand einfach schon mehr gesehen, erlebt und kann seine eigenen Fähigkeiten in Bezug auf Problemstellungen gut einschätzen. Je früher man anfängt, sich zu reflektieren und bewusst am eigenen Fähigkeitserwerb vor einer handfesten Krise zu arbeiten, umso stärker wird man aus jeder anstehenden Krise hervorgehen.

Deshalb lade ich dich auf das kommende Kapitel ein, in dem du einige Werkzeuge, Übungen und Impulse kennenlernst, mit denen du sowohl präventiv als auch in der Krisenphase an dir arbeiten kannst.

VI. Deine Playlist: Werkzeuge und Übungen

„Die meisten sind so glücklich,
wie sie selber beschließen zu sein."
Abraham Lincoln (16. Präsident der USA)

Das Zitat von Lincoln zeigt einmal mehr, dass wir als selbstwirksame Menschen Einfluss auf unser Leben und unseren Lebensverlauf nehmen können. Es wäre vermessen zu sagen, es wären ausschließlich die eigenen Gedanken und Werte, die man mit sich trägt. Sicher erinnerst du dich noch an das Kapitel mit den Glaubenssätzen und Mustern, die wir im Leben so aufnehmen. Insofern weißt du, du kannst deine Werte und deine Muster ändern, es hört jedoch nicht auf. Denn die Menschen um dich herum werden weiter ihre eigenen Glaubenssätze zu allen Themen loswerden, ob du sie hören möchtest oder nicht. Hinzu kommen die ganzen Serien und TV-Sendungen, vielleicht Professoren, Lehrer, Dozenten und Kollegen, die dir ihre Sicht der Dinge erzählen, und jede dieser Erzählungen macht mal mehr und mal weniger mit dir. Sicher möchte man nicht alles davon aufnehmen, doch auch kritische Themen, zu denen du eine andere Meinung hast als dein Gegenüber, tangieren dich in irgendeiner Form. Unbequem daran ist, dass Themen, die Widerstand in dir auslösen, diesen nur triggern können, wenn du selbst dazu eine Erfahrung oder Anteile des Themas in dir trägst. Wenn man sich das bewusst macht, kann man viele Dinge ändern, die einen zuvor belastet haben.

Oder anders gesagt: Wir können uns nur über die Dinge aufregen, zu denen wir einen eigenen Bezug, in welcher Form auch immer, herstellen können und dann dazu eigene Wertungen anstellen. Diese Wertungen lassen sich beeinflussen, sobald man sich ihrer bewusst wird. Es ist menschlich zu werten. Es ist menschlich abzuwerten, umzudeuten oder aufzuwerten und über die Bewusstwerdung dieses Sachverhalts lässt sich echte Veränderung herbeiführen.

Verantwortung übernehmen, aktiv handeln

> *„Life isn't about waiting for the storm to pass.*
> *It's about learning to dance in the rain."*
> Vivian Greene (Britische Schriftstellerin)

Zugegeben, es ist ein Zitat, das sich auf zahlreichen Postkarten und Memes im Internet findet, und dennoch finde ich es treffend für dieses Kapitel. Denn abzuwarten in der Hoffnung, ein emotionaler Schmerz würde schon von alleine weggehen, bedeutet nichts anderes als im Status quo zu verharren und sich über die immer gleichen Zustände zu beklagen. „Lernen, im Regen zu tanzen" heißt in unserem Kontext der Krisen zu lernen, mit einem Krisenerleben und den Folgen umgehen zu können. Es gibt diesen einen Wendepunkt, an dem alles für dich anders wurde. Ein geliebter Mensch ist von dir gegangen, dein Partner hat dich verlassen, du hast deinen Job verloren oder langjährige Freundschaften gingen auseinander. Ich möchte dir ein paar Schritte an die Hand geben, die dir die Möglichkeit bieten, deine Handlungsoptionen zu erweitern. Denn wie schon so oft gesagt beziehungsweise hier geschrieben, ist das Einzige, was du in manchen Situationen verändern kannst, nur dein eigenes Denken. Die nachfolgenden Ausführungen sind Vorschläge und nicht als bibelhafte Verse zu verstehen. Nutze die Inhalte, die dir persönlich helfen zu wachsen und dein Leben selbst aktiv zu gestalten. Übernimm Verantwortung für dich:

1. **Raus aus der Opferrolle**
   In nahezu allen Büchern über Coaching und verwandte Themen wirst du diesen Punkt finden. Der Grund ist recht simpel: Menschen kommen unter anderem dann in ein Coaching,

wenn sie nicht weiter wissen und sich ohnmächtig fühlen. Diese Ohnmacht führt bei den einen zu Aggressionen und bei anderen zu Rückzug (denke an die Krisenreaktionen). Ein nicht selten vorkommendes Symptom kann sein, dass jemand die Schuld bei anderen sucht und die Verantwortung ins Außen verlagert. Es ist Fluch und Segen zugleich, sich solcher Kommunikationsmuster bewusst zu werden. Denn du wirst in jedem Gespräch heraushören, in welcher Haltung sich jemand befindet: Opfer oder aktiv Handelnder.

Hier eine Kostprobe möglicher Aussagen:

- *„Die Politik müsste für Leute wie mich viel mehr machen. Würden die handeln, hätte ich einen vernünftigen Job."*
- *„Hier (bei der Arbeit) wird einem nichts geschenkt, ich mache Dienst nach Vorschrift."*
- *„Meine Freunde verstehen mich einfach nicht. Ich bin anders als die."*
- *„Wie hätte ich auch bei diesen Eltern normal werden können?"*
- *„Der Arzt hat meine OP verpfuscht, der ist an allem schuld."*

Ergänze gerne deine eigenen Sätze oder Aussagen von anderen, die dir dazu einfallen. Natürlich gibt es Ärzte, denen eine OP missglückt, und der Start mit bürgerlich konservativen Eltern mag anders sein als der Start aus einem prekären Milieu. Als erwachsener und selbstbestimmter Mensch ist der Einfluss von der Kindheit jedoch nicht mehr so bedeutsam und „es ist nie zu spät, eine glückliche Kindheit zu haben" (Ben Furman 2013 im gleichnamigen Buch). Schreibe also nachher im siebten Kapitel dein Lebensalbum neu.

Die genannten Aussagen deuten auf eine Haltung hin, in der jemand sich als Opfer der Umstände sieht und sich dadurch, egal ob aggressiv lautstark oder defensiv zurückgezogen, in eine Situation begibt, nicht handeln zu müssen. Genau das geschieht dadurch. Jemand, der seinen Arbeitgeber stets beschuldigt, er selbst könne wegen seines Chefs persönlich und beruflich nicht wachsen, verlagert die Handlungsfähigkeit nach außen. Die Botschaft lautet also: Übernimm das Ruder, handle aktiv und treffe Entscheidungen, die vielleicht auch unbequem sind. Erst dann passiert echte Veränderung.

2. Fokus trainieren

Lass mich mit ein paar Beispielen weitermachen:

- „Ich würde *schon Teamleiter werden, würde mein Chef mich lassen. Er lässt mich aber nicht, also muss ich ewig diesen Sachbearbeiter-Job machen.*"
- „*Hätte mein Vater die Familie nicht verlassen, als ich ein Kind war, wäre sicher was aus mir geworden.*"
- „*Ohne meine Erkrankung hätte ich mehr Lebensfreude.*"

Bevor du weiterliest, lade ich dich auf eine kleine Übung zum sogenannten „Reframing" (Umdeuten) ein. **Lese dir gerne noch einmal die zuvor genannten Beispiele durch und versuche einmal, der Aussage eine andere Richtung zu geben, eine positivere und eine Aussage eines aktiv Handelnden dem gegenüberzustellen.** Du wirst feststellen, dass dazu ein wenig Übung notwendig ist, ich lasse dich damit jedoch nicht alleine und schreibe dir hier mögliche positive Beispiele nachfolgend auf:

Positive Formulierung	Aktive Handlung/ Konsequenz
„Mein Chef weiß nicht, was ihm entgeht, ich habe viele Ideen und Visionen."	• Gespräch mit dem Chef suchen • Stellensuche und Bewerbung • Kündigung • Neuanstellung
„Auch wenn uns mein Vater verlassen hat, als ich noch ein Kind war, so kann ich selbst ein Vater werden, der für sein Kind da ist."	• Arbeit mit Glaubenssätzen • Lesen von Literatur • Nutzen therapeutischer Angebote und damit aktive Arbeit an der eigenen Sichtweise mit Unterstützung
„Meine Erkrankung schränkt mich zwar ein, aber es gibt so viele Dinge, die ich dennoch tun kann."	• Positiven Fokus trainieren • Tagebuch schreiben • Therapeutische Angebote nutzen

Es gibt zahlreiche Aussagen, die du umformulieren kannst. Mittels Reframing gibt man einer Situation einen anderen Rahmen (Frame), in dem das eigene Thema in einem anderen Licht steht. Es erfordert ein wenig Übung, es erfordert Ausdauer und es erfordert auch eine gute Portion Disziplin. Wenn du jetzt sagst: „Ja, aber durch meine Erkrankung oder meine Erziehung kann ich das nicht", antworte ich dir ganz humorvoll:

Kann-Nicht wohnt in der Will-Nicht-Straße

Die schlimmsten Ausreden beginnen mit *„Kann ich nicht, weil ..."*. Sicher kennst du selbst Beispiele, denn mit Ausreden uns selbst gegenüber manipulieren wir erst einmal uns selbst, auch um unser Gewissen zu beruhigen und uns vor uns selbst zu rechtfertigen.

Bei den zuvor genannten Ausreden geht es jedoch um dich persönlich, also um Ausreden, die du dir selbst erzählst. Das führt uns zum nächsten Punkt.

3. Keine Ausreden

„No fucking excuses!", wie es so schön in den Fitnessstudios dieser Welt geschrieben steht. Es ist ein schöner Leitsatz, der einen auch immer wieder daran erinnern kann, dass man an dem Thema „Ausreden" arbeiten wollte. Denn sicher kann man sich selbst belügen und wir Menschen haben die unglaubliche Fähigkeit, unser Selbstkonzept derart zu gestalten, dass wir uns unseren eigenen Mist tatsächlich glauben. Dann ist es beruhigend, wenn man bei der letzten Kippe des Tages im Fernsehen hört, dass es auch einige Nichtraucher gibt, die an Lungenkrebs erkranken oder Nicht-Alkoholkranke, die eine kranke Leber haben. „Also kann ich mein Zigarettenschächtelchen weiterhin täglich rauchen und meine drei bis fünf Bier jeden Abend reinschweißen." Wenn du das tust, verurteile dich nicht, finde keine Ausreden dafür, stehe dazu und trage die Konsequenzen.

„Ich sollte weniger rauchen", ist so ein Satz, der dich ebenso unter Druck setzt wie „Ich sollte die Dinge positiver sehen". Wenn du positives Reframing diszipliniert angehen möchtest, bleibt dir nichts anderes übrig, als dich täglich daran zu erinnern. Immer und immer wieder, bis es in Fleisch und Blut übergegangen ist. Ansonsten lass es einfach. Das ist nicht schlimm, nur wenn du es so siehst. Viel schlimmer ist es, jeden Tag mit diesem „Ich sollte" aufzustehen, um dann den eigenen Selbstwert zu beeinträchtigen, indem man umgehend Versagensgefühle bekommt, weil man das, was man angehen „sollte", eben nicht angegangen ist. Schon wieder. Das x-te Jahr in Folge.

Deshalb: Tue das, was zu dir passt, und wiederhole es, solange es funktioniert. Funktioniert es nicht, tue etwas anderes und sei sparsam, wenn es um Ausreden geht.

Dieser Dreiklang aus dem **Verlassen der Opferrolle**, dem **bewussten Fokus auf positive Dinge** und dem **Ausreden von Ausreden** bringt dich einen ganzen Schritt weiter bei der Bearbeitung einer Krise, aber auch sonst im Leben. Denn du stärkst mit dieser Haltung deine Selbstwirksamkeitserwartung ebenso wie deinen Selbstwert: Ich bin aktiv Handelnder, ich lenke meinen Fokus auf das Positive, ich stehe zu meinen Schwächen und spare mir die Ausreden.

Achte auf Input von außen

Heute sind wir mehr denn je in der Verantwortung, uns selbst nicht allem auszusetzen, was von außen auf uns einprasselt, und uns gleichzeitig bewusst auf eine Sache zu fokussieren. Ich kenne das selbst nur zu gut. Während ich vor dem Fernseher sitze, schreibe ich auf dem Handy eine Nachricht, schaue auf Instagram, Facebook und Discover vorbei. Was übrig bleibt, sind Gedankenfetzen:

… ah, Nordstream, hm …
… ui, lustig, ein Pandabär fällt beim Essen nach hinten um …
… Erdbeben …
… für 16.000 Euro möchte ich von Ihnen wissen: Welcher amtierende Radsport-Weltmeister …
… „Schatz, kannst du heute Abend noch die Mülltonne rausstellen?"
… hm… kann ich …, äh, was soll ich rausstellen?
… die Peruaner haben …
… neuer Präsident in …
… Oktoberfest Dirndl-Trend …
… „Übrigens, die Mülltonne habe ich jetzt selbst rausgestellt"
… äh, was? Ja, ich stell sie gleich raus …

Irgendwann merke ich, dass ich eigentlich gar nichts mehr mitkriege, schalte alles aus und höre aktiv zu oder in mich hinein. Alles, was über unsere Kanäle (auditiv, visuell, kinästhetisch) reinkommt, macht mehr oder weniger mit einem. In den darauffolgenden Tagen lege ich dann bewusst das Smartphone beiseite, insbesondere wenn meine Tochter noch wach ist. Nicht nur, weil sie nicht lernen soll, dass dies ein normales Verhalten ist, sondern auch, um mit meiner Aufmerksamkeit bei ihr zu sein.

Aufmerksamkeit, **Achtsamkeit** und **Bewusstsein** sind drei sehr wichtige Elemente im Umgang mit heutigen Medien. Sämtliche Ereignisse, wichtig oder nicht, werden sofort gepostet und verwertet. Jeder will schnell Klickraten erzielen und etwas von dem großen Werbeeinnahmen-Kuchen abhaben und im Idealfall viral gehen. Je nach Interesse kommt es auch auf die Seiten und Gruppen an, denen du folgst. Wenn du dir den ganzen Tag Schwarzmalerei und depressive Weltuntergangsszenarien ansiehst, wirkt sich das vermutlich weniger gut auf deine allgemeine Stimmung aus.

Je länger du das täglich tust, desto automatischer passiert es und normaler wird es für dich. Je mehr Wiederholungen der (Glaubens-)Sätze du hörst, siehst und selbst weiterverbreitest, desto mehr Sinn scheint es für dich zu ergeben. Deine Weltanschauung wird sich nur noch darum drehen und deine Stimmung sich stetig verschlechtern, weil du überall nach einer Bestätigung für die Annahmen suchst und auf den entsprechenden Kanälen finden wirst. Oder anders: Wenn du glaubst, bestimmte Personen stecken hinter den Geschehnissen in der Welt, weil sie Anhänger einer Geheimgesellschaft sind, die die Regierungen dieser Erde steuern und über verschiedene Mittel versuchen, die Menschen zu steuern, dann wirst du nach Bestätigung dieser Annahme Ausschau halten. Die Algorithmen sind schlau und bieten dir genau diese Themen an. Auch wenn soziale Medien unter manche dieser Postings einen Hinweis zur Prüfung auf Korrektheit der Aussagen schreiben, ist das für dich nur die Bestätigung, dass da was dran sein muss.

An einem gewissen Punkt nimmst du dir das vielleicht so zu Herzen, dass du schlecht schläfst, Konflikte mit Freunden und Kollegen hast, weil sie deine Ansichten einfach nicht teilen und den Kopf schütteln. Und du denkst dir, die müssen doch endlich aufwachen, es kann nicht sein, dass die alle so blind sind und es nicht sehen. Dann leugnest du die Wissenschaft (alles Systemlinge), dann die Berichterstattung (Staatsmedien) und hörst Leuten zu, die willkürliche Behauptungen auf Social Media posten, aber genau das bestätigen, was du schon lange zu wissen glaubst: Der Staat und die, die ihn lenken, wollen dich und deinesgleichen fertigmachen beziehungsweise kontrollieren. Oder das andere Extrem: die Lobbyisten und Konzerne wollen dich ausnehmen und nur an dein Geld und dein Humankapital, bis du umfällst und sie deine Nieren verkaufen können, um noch mehr Profit zu machen.

Ich breche an dieser Stelle mal ab, denn wenn du dich ertappt fühlst oder bereits so außer dir bist über meine Zeilen, dass du das Buch sofort wegwerfen möchtest und in Gedanken schon deine wütende Rezension verfasst hast, kann ich nur antworten: Es sind lediglich Beispiele ohne Wertung, um den Einfluss der Medien auf den Blickwinkel eines Menschen zu untermauern.

Deshalb lade ich dich auf eine Übung ein: Achte einmal auf das, was du jeden Tag konsumierst. Die Übungen sind so einfach wie effektiv:

- Gib dir smartphone-freie Zeiten oder zumindest social-media-freie Zeiten (glaub mir, es fehlt dir nichts, außer dich dauernd abzulenken und den Dopaminspiegel hochzuhalten).
- Wenn du fernsiehst, entscheide dich bewusst für diese Sendung und schaue sie aktiv, statt dich als Belohnung für deinen harten Arbeitstag bei Pizza und Bier berieseln zu lassen, während du auf dem Smartphone rumdaddelst.
- Reflektiere und hinterfrage Inhalte bewusst:
  - Gibt es mehrere seriöse Quellen, die ähnliche Annahmen teilen?
  - Gibt es alternative, unabhängige und seriöse Quellen, die etwas anderes oder Ähnliches behaupten?

- Sind Einzelpersonen mit vielen Followern dabei, die etwas völlig anderes behaupten?
- Wurden Studienergebnisse (falls vorhanden) zum Thema veröffentlicht und von welcher Einrichtung? Gab es ein wissenschaftliches Review dazu?
• Trete innerlich zurück, nimm also Abstand von den Themen und blicke „nur" interessiert auf die Inhalte, ohne direkt zu werten.
• Fokussiere dich auf die schönen Dinge des Lebens und konsumiere Nachrichten und Social Media wohldosiert.

Gerade der letzte Punkt scheint immer schwieriger, wenn in der Welt Krisenzeiten drohen und genau deshalb ist es so wichtig, positiv zu bleiben und sich anzuschauen, was man aktiv tun kann, um die Situation in seinem Mikrokosmos, wenn sie denn dadurch beeinträchtigt ist, besser zu machen. Was kann ich verändern, dass es mir und meinen Mitmenschen mit der Situation besser geht?

Motiviere Dich zur Veränderung

„Die größte Entdeckung meiner Generation ist,
dass ein Mensch sein Leben ändern kann,
indem er seine Einstellung ändert."
William James (Amerikanischer Psychologe und Philosoph)

Auf eine Veränderung folgen oftmals eine ganze Reihe weiterer Veränderungen. Ist der erste Schritt einmal getan, merken die Menschen, sie können sich verändern und gehen einiges Weitere nacheinander an, was lange aufgeschoben wurde. Wer kennt nicht mindestens eine Person aus dem Freundes- oder Bekanntenkreis, die sich nach dem Ende einer Beziehung die Frisur neu hat machen lassen („Ich bin ein neuer Mensch und zeige das"), den Job und auch noch den Wohnort gewechselt hat. Andere erfüllen sich nach einer Scheidung endlich ihre Träume und machen eine Weltreise, kaufen sich ein neues Auto oder probieren neue Hobbys aus.

Bis jedoch dieser erste große Schritt zur Veränderung getan ist, selbst beabsichtigt oder von außen kommend, sind Veränderungen, je nach Tragweite, unbequem. Sie lösen Ängste und Unsicherheiten aus. „Wie wird das alles wohl, wenn ..." ist dann eine der ersten Reaktionen. Deshalb verharren so viele Menschen lieber im Status quo, als etwas aktiv anzupacken. Dabei führt das Gegenteil zum Erfolg: selbst aktiv gestalten, sich vertrauen, neue Ziele finden und diese verfolgen. Sich zutrauen, andere Wege zu gehen, und zu wissen, da wird etwas Gutes draus, und wenn es nicht gut ist, dann verändere ich mein Vorgehen so lange, bis etwas Gutes dabei rauskommt.

Damit du diesen Spirit für Veränderungen und deinen persönlichen Krisen-Change entwickelst, kannst du jeden Tag oder zumindest immer wieder etwas tun. Keine Sorge, ich möchte dich nicht dazu ermutigen, deinen Autoschlüssel auf dem Dachboden zu verstecken oder deine Kaffeemaschine ins Schlafzimmer zu stellen. Es ist allerdings hilfreich, sich mit dem Thema der persönlichen Veränderungen auseinanderzusetzen und sich aktiv mit seinem Status quo zu befassen.

Routinen haben zwar durchaus etwas Nützliches, damit wir eben nicht jeden Tag neu überlegen müssen, wo etwas im Haushalt steht und Abläufe stets neu durchdenken müssen. Das erleichtert den Alltag und erfordert keine Denkanstrengungen. Morgens nach dem Aufstehen ab ins Bad, sich zurechtmachen, frühstücken, zur Arbeit fahren, Kollegen begrüßen, vor sich hinwerkeln, Feierabend, Kind/er ins Bett bringen, lesen/fernsehen, Nachtruhe.

Du wirst feststellen, dass dir ein Verändern derartiger Routinen Unbehagen machen kann. Übst du es immer wieder, dir stets kleinere Veränderungsaufgaben zu stellen, wirst du merken, dass es dich weniger stört und du sogar Gefallen daran findest. Zu diesem Spirit möchte ich dich hier ermutigen.

Durchbreche deine täglichen Routinen immer wieder ganz bewusst. Mache nach dem Aufstehen eine Woche lang zehn Liegestütze und täglich einen mehr oder meditiere nach dem

Aufstehen. Trinke ein großes Glas Wasser und gehe eine kurze Runde spazieren (wenn du einen Hund hast und das ohnehin tust, mache etwas anderes).

Es geht hier nicht um Dogmatismus, sondern darum, dich immer wieder selbst herauszufordern. Für mich ist es eine Strafe, wenn ich morgens vor sieben Uhr raus muss. Ich bin absoluter Langschläfer und fange meinen Arbeitstag auch so spät wie möglich an und arbeite entsprechend länger oder auch mal am Wochenende. Manchmal, wenn ich frei habe, stehe ich aber bewusst um sechs Uhr auf und jogge eine Runde, um mich selbst herauszufordern. Wenn der Wecker klingelt, fluche ich erst, schmunzele dann wegen meiner eigenen Challenge und lege einfach los, ohne weiter nachzudenken. Ich tue es einfach und fühle mich danach großartig. So eine Aktion trägt mich durch den ganzen Tag, unabhängig davon, dass ich mich dann am Nachmittag für einen Powernap zurückziehe.

Das ist nur ein Beispiel von vielen. Es geht nicht darum, dich grundsätzlich zu ändern. Tue stattdessen bewusst Dinge, die du sonst lange aufschiebst, erledige Aufgaben sofort und ruf jemanden an, den du lange nicht mehr gesehen hast und ewig anrufen wolltest. Es ist so einfach, sich täglich eine kleine Herausforderung zu geben, bei der man über seine Komfortzone hinausgehen muss. All das stärkt dich für Veränderungsprozesse, sowohl für berufliche als auch für private. Und du wirst merken, dass es dir auch Spaß macht, Dinge zu verändern und immer neue Wege zu gehen. Die wichtigste Eigenschaft, die du dabei für dich erarbeitest, heißt:

Veränderung ist Normalität!

Behalte dabei deine Konstanten im Leben, die aus Freundschaften, deinem Wohnort, deinem Partner und festen Werten bestehen können, und dein soziales Umfeld wird deine kleinen Veränderungs-„Verrücktheiten" akzeptieren und dich schätzen. Beherzige bei allen Veränderungen, die du angehen möchtest, folgende Leitsätze:

- Bisherige Gewohnheiten verändern sich nicht von heute auf morgen.
- Kleine Schritte führen langsam, aber konstant zum Ziel.
- Im Krisenverlauf sind Rückschläge und kurze Einbrüche normal und erlaubt.
- Gebe dir selbst die Zeit, die du brauchst, um wieder „in die Spur" zu kommen.
- Kontinuität ist ein wichtiger Bestandteil langfristiger Veränderung.
- Halte deswegen an deinem Ziel fest und bedenke dabei, dass während einer Krise oft der Weg das Ziel ist (aktiv werden).
- Nutze Visualisierungstechniken, um dein Ziel greifen zu können.

Gerade der zuletzt genannte Leitsatz ist ein wichtiger Baustein auf dem Weg zu nachhaltiger Veränderung, deshalb blicken wir einmal genauer auf dieses Thema.

Mentaltechnik „Visualisieren"

Unser Gehirn ist faszinierend. Wenn wir uns eine Situation intensiv vorstellen, schüttet es die gleichen Botenstoffe aus, als würde sie real passieren. So trainieren Sportler nicht nur ihren Körper, sondern stellen sich ihren Wettkampf immer wieder im Kopf vor und das so deutlich, bis sie es sehen und fühlen können, wie sie gegen den Kontrahenten gewinnen und auf der Siegertreppe stehen.

Und so funktioniert es:

1. Setze dich an einen ruhigen Ort, schließe die Augen und atme ein paarmal tief ein und aus.
2. Lass alle aufkommenden Gedanken so gut es geht vorbeiziehen, ohne ihnen besondere Beachtung zu schenken.

3. Stelle dir eine Situation, die dir Sorge bereitet oder vor der du Angst hast, intensiv vor. Das kann ein anstehender Vortrag sein, ein problematisches Gespräch oder eine berufliche Herausforderung.

4. Dann wirst du merken, dass du die gleiche Unruhe verspürst, die du auch sonst in so einer Situation hättest. Dein Körper schaltet in den Alarmmodus und setzt Hormone, vorwiegend Adrenalin und Cortisol, frei. Das wäre in der Savanne, wenn dich ein wildes Tier angreift, genau der richtige Cocktail, um wegzurennen oder zu kämpfen. Dein Puls erhöht sich, vielleicht bekommst du sogar Schweißausbrüche, je nach Intensität der Situation.

5. Wieder aussteigen: Öffne nach dieser ersten „Runde" wieder deine Augen und beruhige dich. Es ist nichts passiert, es war „nur" in deinem Kopf.

6. Wiederhole die Schritte eins bis vier, und zwar so oft, bis deine Ängste weniger werden und dein Puls sich zwar erhöht, du aber in einem für dich akzeptablen Bereich bist. Dann beginnst du die Situation mit dem nächsten Schritt intensiver werden zu lassen.

7. Berücksichtige deine Kanäle: Den **visuellen** nutzt du bereits in deiner Vorstellung, nutze ihn weiter, um die Eindrücke und Farben zu verstärken. Stelle dir weiter die Frage, was du **hörst**, wie es dort **riecht**, ob du etwas **spüren** oder **anfassen** kannst. Die Nutzung dieser Kanäle intensiviert dein Gefühl und vielleicht steigt der Puls auch wieder. Mit diesen Zugängen kannst du sehr gut arbeiten und die Situation justieren.

8. Verändere die Situation nach deinen Wünschen: Sag, was du sagen möchtest, tue so, als würde alles funktionieren, und handle in deiner Vorstellung nach deinen Idealvorstellungen. Stelle dir das positive Endergebnis so vor, wie du es dir wünschst, und beachte, was du dabei sehen oder hören willst und wie sich die Situation nach deinen Anpassungen anfühlt.

Wiederhole diese Übung so oft es geht und so intensiv wie möglich und du wirst merken, die Sorge vor dem eigentlichen Ereignis oder der entsprechenden Situation wird ihren Schrecken verlieren und zumindest abgeschwächt.

Als damals absehbar war, dass mein Vater nicht mehr lange zu leben hat, begann ich, verschiedene Strategien aus dem Mentaltraining zu nutzen, um damit besser klarzukommen. Ich nutzte immer wieder diese Visualisierungstechnik, um mir vorzustellen, wie es wohl wäre, wenn die Familie, ganz in Schwarz gekleidet, weinend um das Grab steht und der Pfarrer seine Rede hält. Ich stellte mir meine Mutter vor, wie sie alleine mit dem Hund im Haus lebt und wie wir sie zu Feierlichkeiten zu uns einladen. Wenn ich meinen Vater in den letzten Jahren sah, habe ich mich immer wieder mental von ihm das letzte Mal verabschiedet. Es war mir wichtig, dass das letzte Wort, die letzte Verabschiedung positiv war und alles im besten Fall mit einem leichten Lächeln geschah. Ein Lächeln, das am Ende sagt: „War schon irgendwie alles cool so insgesamt."

Und so habe ich mir immer wieder diese Situation vorgestellt, möglichst intensiv, und ich habe alle Gefühle zugelassen. Kamen Tränen, ließ ich sie zu, kam Wut hoch, machte ich ausgiebige Spaziergänge, war ich deprimiert, tat ich etwas zur Aufheiterung. Alles lange bevor mein Vater ins Hospiz kam, wo klar war, dass es nur noch wenige Tage oder Wochen sein können.

Ich hatte und habe einen sehr guten Freund, dessen Vater ebenfalls an Prostatakrebs erkrankt und zwei Jahre vor meinem Vater verstorben war. Mario und ich trafen uns gelegentlich für ausgedehnte Spaziergänge und redeten darüber. Wir kannten uns lange und gut und so nahmen wir im Hinblick auf unser Gefühlsleben selten ein Blatt vor den Mund. So konnte ich auf Basis seiner Erzählungen weiteres Rüstzeug für meinen emotionalen Kampf sammeln. „Es ist ein Schmerz, den du nicht kommen siehst", sagte er bei einem unserer Spaziergänge. Er hatte recht und ich war ihm sehr dankbar, dass er seine Erfahrungen mit mir teilte und mir Einblick in eine Situation gab, die eine der schwierigsten im Leben eines Menschen ist.

Ich hatte also meine Visualisierungen, die Erfahrungswerte aus den Erzählungen und meine Emotionen als Rüstzeug und war somit gut vorbereitet. Als dann die Beerdigung anstand, graute es mir davor. Mein Bruder kümmerte sich um den Bestatter und ich holte meine Mutter ab. Am Friedhof warteten bereits viele Verwandte und Freunde, alle mit einem entsprechenden Gesicht. Einige fielen uns weinend in die Arme, alles so, wie ich es mir nahezu vorgestellt hatte, und ich konnte gefasst sein. Ich musste sogar ein bisschen lächeln, weil ich mich freute, so viele Freunde und Verwandte auf einem Fleck zu sehen, die ihn und uns alle kannten. Der Pfarrer hielt seine Rede, alle gingen zum Grab, ein paar Worte und Abschluss der Zeremonie. Meine Vorbereitung für die emotionale Ausnahmesituation schien aufzugehen, ich war gefasst.

Aber dann kam etwas, worauf ich nicht vorbereitet war. Mein Vater hatte sich als Musikstück „Brothers in Arms" von seiner Lieblingsband, den Dire Straits, gewünscht. Ein Lied, bei dem einem schon die Tränen in die Augen steigen können, wenn man den Text nur halbwegs versteht, und versteht man ihn nicht, reicht Mark Knopflers pathetisches Gitarrensolo völlig aus, um die Tränenkanäle zu lockern. Spätestens bei diesem Song blieb kein Auge trocken. Und er passte so gut, denn es ist ein Lied über Kampf und Verlust. Wir standen am Ende eines Kampfes, den wir gemeinsam gegen den Krebs verloren hatten.

Das Lied hatte einen Strich unter alles gesetzt, den Abschluss eingeleitet. Und trotzdem dachte ich mir einige Tage später, ich hätte zu meiner eigenen Beerdigung lieber etwas Fröhlicheres. Einen Song, der mein Leben noch einmal feiert, so wie Miguel Montalbans Instrumentalversion von „Sultans of Swing" von den Dire Straits – weil auch ich diese Band immer mochte. Erstens müssen sich das dann alle fast zehn Minuten reinziehen und zweitens hat diese Version eine sehr schöne Struktur. Sie startet stürmisch mit zahlreichen Solos, dann wird es ruhiger, ein bisschen bedächtig, nimmt wieder Anlauf, zwischendurch wirkt es fast unsortiert, wird leiser und wieder lauter, durchläuft alle Höhen und Tiefen, bevor es in einem unglaublichen Solo gipfelt, um am Ende mit einem versöhnlichen Outro abzuschließen. Im Kern ein positiv gestimmter Song.

Der Abschluss dieser Geschichte passte gut hier rein, denn er zeigt, du kannst dich auf alles vorbereiten, vermeintlich jede Eventualität bedenken und dich wappnen. Aber es gibt Dinge, die kannst du nicht beeinflussen und auf die kannst du dich nicht vorbereiten. Dann musst du sie entweder geschehen lassen oder in der Situation entscheiden, wie du reagierst. Nun ist das eine Extremsituation, die von Emotionen und familiär unterschiedlichen Konstellationen abhängig ist, sodass man sie wohl nie ganz so hätte vorbereiten können.

Dennoch ist das Visualisieren eine gute und beliebte Übung, die man sich bei Sportlern abschauen und für viele Situationen im Leben nutzen kann. Egal ob es Vorstellungsgespräche sind, die man auf diese Weise vorbereitet, ein Seminar durchgeht oder einen Vortrag vor wichtigem Publikum halten muss. Je öfter du das machst, desto geringer wird die Hormondosis und du wirst überrascht sein, wie wirkungsvoll das ist. Und in manchen Situationen bewahrt einen ein gewisses Lampenfieber auch davor, zu locker an eine Sache heranzugehen.

Es gibt jedoch Menschen, für die ist das mit dem Visualisieren einfach nichts. Alleine dieses ruhige Sitzen und in sich hineinhören macht einige noch unruhiger und funktioniert einfach nicht so wie beschrieben. Dann gibt es zwei weitere Möglichkeiten. Die erste besteht aus der Nutzung von **Videos mit ähnlichen Situationen:** Heute gibt es so viele Videos zu allen Themen des Lebens. Nutze die Möglichkeit, dass andere Menschen für dich Referenzerlebnisse schaffen, an denen du dich orientieren und die du auf deine eigene Situation übertragen kannst. Die zweite Möglichkeit ist: **Machen, machen, machen**, also lernen durch Wiederholung.

Gerade bei Vorträgen lässt sich das Lampenfieber vorher sehr gut einfangen, wenn man sein Thema immer und immer wieder durchgegangen ist. Es lässt sich auch mit einer Visualisierung kombinieren, indem man sich in einen leeren Raum stellt und sich ein Publikum vorstellt. Dann beginnst du vor diesem Publikum deinen Vortrag zu halten, stellst dir Zwischenrufe und schwierige Fragen vor und so weiter.

Bei einer Konflikt- oder allgemeinen Gesprächssituation sind **Rollenspiele** hilfreich. Auch das kann man alleine machen, es ist jedoch gut, wenn man jemanden hat, mit dem man eine Situation durchspielen kann. Ein guter Coach kann dir dabei helfen, deine von dir als Misserfolg gewerteten Momente umzudeuten und deinen Fokus auf positive Aspekte zu lenken und eine andere Wertung zu finden. Alternativ kannst du so etwas auch mit einem guten Freund durchspielen.

Die große Angst in sozialen Situationen ist nicht etwa, direkt zu versagen, sondern die Angst vor der Bewertung durch andere Menschen. Und das liegt wiederum daran, dass man selbst häufig wertet und dann eben auch negativ. Wie oft sitzt man in einem Vortrag und denkt sich: „Oh Gott, wieso tue ich mir das an? Das ist doch Lebenszeit!", und das fällt einem dann wieder ein, wenn man selbst einen hält.

Nicht nur deshalb ist es hilfreich, sich mit dem Thema des Bewertens von Menschen und Situationen auseinanderzusetzen und zu hinterfragen, wie die eigenen Bewertungsprozesse aussehen und ob es vielleicht einer Anpassung bedarf.

Bewertungen überdenken

„Es sind nicht die Dinge selbst, die uns beunruhigen, sondern die Vorstellungen und Meinungen von den Dingen."
Epiktet (Griechischer Philosoph)

Die persönliche Einordnung der Welt in „gut" und „schlecht" findet im Grunde den ganzen Tag statt. Reden wir über bestimmte Themen, nehmen ein Verhalten wahr oder beobachten eine Situation, finden wir das entweder gut, nicht so gut oder es tangiert uns kaum. So oder so ähnlich laufen (sehr vereinfacht) Bewertungsprozesse ab. Diese Prozesse helfen einem Menschen, die Welt für sich zu ordnen und darin lebensfähig zu sein.

So sind manche Bewertungen gar überlebenswichtig, wie etwa bei der Bewertung, ob eine Mahlzeit genießbar ist oder nicht, ob ein anderer Mensch es gut mit uns meint oder uns Schaden zufügen möchte oder eine Situation entspannt oder gefährlich für jemanden ist. Viele dieser Bewertungen führen zu Entscheidungen und diese Entscheidungen führen zu entsprechenden Ergebnissen.

Mit diesen Ergebnissen sind wir aber nicht immer zufrieden, obwohl wir selbst vermeintlich eine Bewertung und eine Entscheidung getroffen haben. Einer der Hauptgründe, warum die Ergebnisse und die Bewertung oftmals auseinandergehen, ist die Tatsache, dass viele Bewertungen unbewusst auf Basis unserer individuellen Prägung vorgenommen werden.

Aus diesem Grund spielen sie im Kontext der Psychologie eine wichtige Rolle, denn sie sind der Dreh- und Angelpunkt, der die Stimmung eines Menschen positiv wie negativ beeinflussen kann. Die sogenannten kognitiven Bewertungstheorien (u. a. Arnold 1960, Lazarus 1966) sind Teil der Emotionsforschung und für psychosoziale Krisen von hoher Bedeutung in deren weiterem Verlauf. Denn die persönlichen Werte und deren Einordnung sind hoch emotionale Themen, die Teil der Identität eines Menschen sind.

Im Verlauf einer Krise kann es passieren, dass ein Klient sich selbst negativ bewertet, was direkte Auswirkung auf den Status des Selbstwertes hat. Geht jemand mit sich streng ins Gericht und wertet sich selbst ab („Hätte ich doch …"), ist das Selbstwertgefühl beeinträchtigt, was eine Voraussetzung für einen negativen Krisenverlauf ist. Kommen weitere negative Wertungen von außen dazu, ist das Vollbild der Krise schnell erreicht.

Dann wird aus einem Misserfolg geschlossen, dass jemand ein Versager ist, statt den Weg der Handlung zu bewerten. Aus Bewertungen einer anderen Person schließen Menschen, sie seien nicht liebenswert, ohne dabei zu berücksichtigen, dass die Ablehnung mehr mit den Erwartungen und Prinzipien der anderen Person zu tun hat als mit dem eigenen Wert. So entsteht eine sich selbst erfüllende Prophezeiung (self-fulfilling prophecy) mit einer sich wiederholenden Abfolge, die sich jedoch verändern lässt. Zentrale Aspekte dabei sind die eigenen Bewertungen und Erwartungen, gepaart mit Glaubenssätzen und dem eigenen Verhalten:

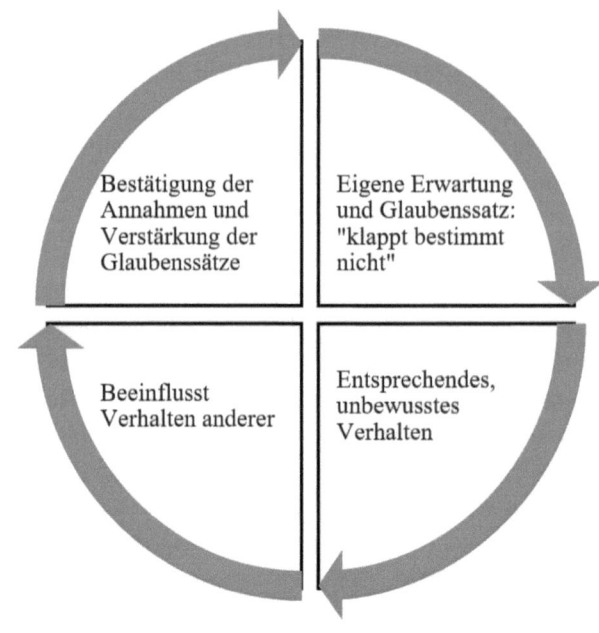

Damit du auch in einer Krise gut mit dir umgehst, höre selbst genau auf deine Wertungen und die eigenen Erwartungen. Es gibt Menschen, die haben an allem etwas auszusetzen und machen alle anderen für ihre Themen verantwortlich. In einer Krisenphase sind dann in letzter Konsequenz die eigenen Eltern schuld und es erfolgen weitere Schuldzuweisungen gegenüber der Politik oder den Vorgesetzten bei der Arbeitsstelle. Dabei hast du so viele Dinge selbst in der Hand und kannst dich selbst steuern, indem du an deinen Erwartungen über dich selbst und deinen zugehörigen Glaubenssätzen arbeitest[2]. So könnte eine alternative Abfolge sein:

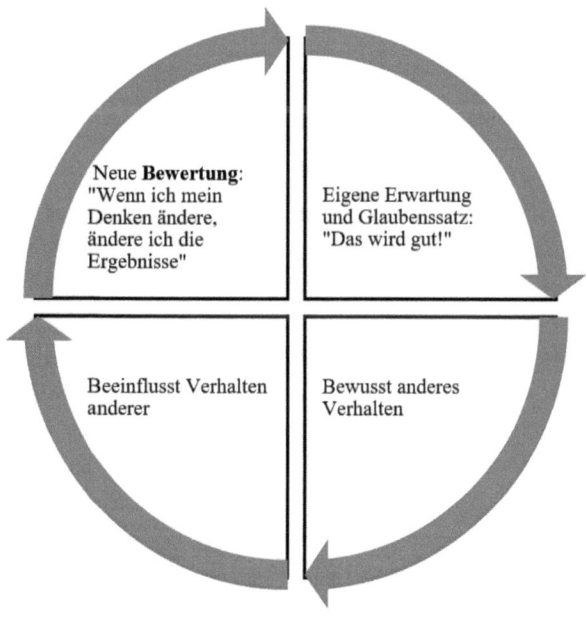

---

2 Ein wichtiger Hinweis: Wenn ich von voller Verantwortungsübernahme und Selbststeuerung spreche, meine ich damit immer den psychisch (relativ) gesunden Menschen, der weder affektive noch psychotische Erkrankungsbilder hat. Jemand in einer akuten Psychose hat viele der hier genannten Einflussmöglichkeiten nicht mehr. Die Grundhaltung sowie die Methoden können aber durchaus im Verlauf einer medikamentösen und sozialtherapeutischen Therapie eine gute Ergänzung sein.

Gerade in einer Krisenphase nach dem Verlust eines geliebten Menschen oder nach einem Beziehungsende (was übrigens in vielen Fällen eine ähnliche seelische Belastung sein kann), ist diese Art der Neuausrichtung des Denkens schwierig und braucht Zeit. Wichtig ist, dass du dir dessen bewusst bist und das Thema berücksichtigst. Und wenn du es alleine nicht schaffst, dann gibt es eine Vielzahl an Coaches da draußen, die dir helfen, so ein Thema entsprechend zu bearbeiten. Je häufiger du so vorgehst, umso mehr positive Erfahrungen wirst du in der Realität machen und diese sind wiederum eine wichtige Ressource für deinen Werkzeugkasten.

Positive Ereignisse finden

Nutze alle deine positiven Erfahrungen und Wertungen für deine mentale Stabilität. Nicht nur in Coachingsitzungen, sondern auch im alltäglichen Leben fiel mir immer wieder auf, dass es den Menschen leichter fällt, negative Ereignisse in den Vordergrund zu stellen statt der positiven. Es ist evolutionär sinnvoll, negative Ereignisse besser im Gedächtnis zu behalten, denn sie waren in grauer Vorzeit überlebensnotwendig (Angriff des Säbelzahntigers oder Vergiftung an gefundener Nahrung). Heute ist das durchaus auch noch sinnvoll, denn das vertiefte Speichern negativer Ereignisse bewahrt uns auch heute noch vor lebensbedrohlichen Fehlern wie vor verdorbenem Essen. Es hat also erst einmal etwas Positives, sich negative Ereignisse gut zu merken. Das ist schon ein wichtiger Satz auf dem Weg in ein positiveres Denken.

Deshalb lade ich dich auf eine durchaus etwas anstrengendere Übung ein, mit der du deinen Fokus positiv lenken kannst. Einen Teil dieser Übung hast du schon in dem Kapitel über Selbstreflexion beim Tagebuch kennengelernt. Hier werfen wir ein Schlaglicht auf den Alltag, in dem du dich bewegst. Und so geht's:

- Überlege dir nach dem Aufstehen direkt ein, zwei, vielleicht drei schöne Dinge, die du heute erwartest.
- Achte genau auf deine Gedanken, deine Aussagen und Reaktionen. Du wirst merken, wie oft du eigentlich in negativen Gedanken und damit Emotionen unterwegs bist.
- Jedes Mal, wenn du negativ denkst, sage dir laut (das geht auch in Gedanken) STOPP und stelle dir ein rotes Stoppschild vor.
- Überlege dir anschließend, wie du auf das eben Gedachte/ Gesagte positiv blicken könntest und formuliere positiv.

Das war es schon. Klingt total einfach, nicht wahr? Probiere es aus und du wirst merken, dass du spätestens um die Mittagszeit deine Übung längst vergessen hast. Deswegen noch als abschließende Empfehlung: Mache dir eine Erinnerung ins Handy oder klebe dir Zettel dorthin, wo du immer wieder daran erinnert wirst. Versuche das einmal ein paar Tage und so nach und nach wirst du merken, es verändert sich etwas in deinem Denken. Lasse es zu, wenn es dir ernst mit deiner Veränderung ist.

Verfalle bei der Übung dennoch nicht in toxische Positivität. Positives Denken ist mit dem Einzug amerikanischer Coachingmethoden, allem voran durch das neurolinguistische Programmieren, in den letzten Jahren immer populärer geworden. Ich begrüße das und glaube, dass wir als Gesellschaft durchaus eine positivere Haltung gebrauchen können. Es gibt jedoch auch Leute, die es übertreiben und auch noch mit Tränen in den Augen eine pseudo-positive Haltung durch einen scheinbar positiven Satz äußern, sich damit gleichzeitig aber selbst schaden. Eine übertriebene und erzwungene positive Denkweise unterdrückt negative Gefühle, die sich aber dann in anderer Form (zum Beispiel Suchtmittelmissbrauch) wieder zeigen. Das soll heißen: Wenn dir oder einem nahestehenden Menschen etwas Schlimmes widerfährt, erkenne es als das an, was es ist: schlimm. Wenn dir nach Meckern oder Lamentieren ist, tue das. Negative Gefühle wollen raus, den Weg entscheidet jeder selbst. In der Aufarbeitung eines schlimmen Ereignisses ist es dann mit dem richtigen Timing hilfreich, den Fokus in Richtung positiver Möglichkeiten zu lenken und diese hervorzuheben.

Dazu abschließend noch ein Beispiel: Deine beste Freundin wird von ihrem Partner verlassen und du sagst: „Ach, das wird schon. Wer loslässt, hat beide Hände frei." Direkt im Anschluss an das Ereignis eine ganz schlechte Idee. Sie braucht Zeit zur Verarbeitung und du hast zu Beginn des Buches gehört, was dabei hilfreich ist: **Dasein, zuhören, ablenken, reden bei Bedarf.** Ist das Ganze einige Zeit her und du merkst, es findet bei deiner Freundin ein Ablöseprozess statt, dann ist der Satz mit dem Loslassen im geeigneten Moment eine Stärkung für sie.

Achte auf dein Stresslevel

Stress ist etwas Individuelles, deshalb hat die Wissenschaft einige Faktoren festgelegt, an denen er ablesbar ist. Neben Fragebögen zum persönlichen Stressempfinden gehören unter anderem der Status des (regelmäßigen) Blutdrucks dazu, die Spiegel der Stresshormone Cortisol und Adrenalin sowie Noradrenalin. Es gibt sogar Tests zur Messung des Hautwiderstands, wodurch die Redewendung, jemand sei „dünnhäutig", einen gewissen Wahrheitsgehalt bekommt. Seinen Ursprung hat Stress in der Sicherung des eigenen Überlebens. Als unsere Vorfahren noch gegen Fressfeinde kämpfen und vor wilden Tieren wegrennen mussten, sorgten die genannten Stresshormone dafür, den Körper in Wallung zu bringen und wahlweise zu kämpfen oder wegzurennen.

Heute sitzen wir stattdessen in anstrengenden Besprechungen, haben nervige und gestresste Kunden, Kollegen, Patienten oder Klienten. Die können wir nicht einfach vermöbeln oder wegrennen, zumindest nicht ohne straf- und arbeitsrechtliche Konsequenzen. Im Laufe der Evolution hat sich das Vernunftzentrum, der präfrontale Cortex hinter der Stirn, über diese alten Mechanismen drübergelegt, wo die Konsequenzen einer etwaigen Kampf- oder Fluchtreaktion abgewogen werden. Das Spannende dabei ist: Die ursprüngliche Reaktion der Hormoncocktails ist heute auch noch da – insbesondere in Krisenphasen und Situationen, vor denen man sprichwörtlich wegrennen möchte.

Nun soll das kein Ausflug in die Neurobiologie werden. Eine kleine Einteilung möchte ich dir dennoch hier beispielhaft näherbringen, denn es hilft, sie zu kennen und auch das physische Erleben in einer Krise einordnen zu können. Sicher kennst du das Gefühl, wenn du einen Tag hast, an dem alles irgendwie gut geklappt hat, obwohl total viel los war. Es war stressig. Morgens schon gleich den ersten Termin, allgemein in der Arbeit viel los, nach der Arbeit kurz treffen mit einer alten Freundin und abends noch kurz spontan die Nachbarn zu Gast. Trotzdem gehst du zufrieden ins Bett, weil eben alles gut war. Die Ergebnisse in der Arbeit waren positiv, ein vermeintlich anstrengender Termin stellte sich als „easy" heraus und mit den Nachbarn war es am Abend auch noch lustig. Viel los, durchaus stressig, aber am Ende des Tages auch zufriedenstellend. Diese Art von Stress nennt die Wissenschaft **Eustress**, also Stress, der sich in der Bilanz deines Empfindens positiv und motivierend auswirkt.

Das Gegenteil ist **Disstress** und gemeint, wenn jemand von sich „Ich bin im Stress" sagt. Der menschliche Körper hält durchaus eine Menge Stress aus, er merkt sich aber auch viel und gerät langfristig in ein Ungleichgewicht, wenn das Stresslevel über einen längeren Zeitraum anhaltend hoch ist. Dann steigen der Blutdruck, die Cortisolwerte, die Nierenwerte werden schlechter und allgemeines Unwohlsein kommt mit der Zeit auf physischer und psychischer Ebene auf. Auf psychologischer Ebene ist Stress an einer erhöhten Reizbarkeit, Schlafstörungen, Depressionen sowie zunehmend mangelnder Emotionskontrolle sowie Suchtmittelmissbrauch zu erkennen.

Dabei können wir uns dem Stress ganz bewusst entziehen, denn er ist zum einen sehr eng mit der Bewertung von Situationen verbunden (siehe die beiden vorhergehenden Punkte), zum anderen kann man aktiv Einfluss auf sein mentales Erleben sowie die verknüpften physischen Komponenten nehmen.

Auch wenn du es schon einige Male gehört hast, so ist der Dreiklang aus **Entspannung, gesunder Ernährung und ausreichend Bewegung** hier der Schlüssel, um seinen Stress zu managen. Deshalb sagen Mediziner fast gebetsmühlenartig, man solle sich dringend mehr bewegen oder Dinge wie „Sitzen ist das neue Rauchen" und so weiter.

Es gibt eine Vielzahl von Methoden zur Stressbewältigung, wovon ich dir hier drei vorstellen möchte:

1. **Progressive Muskelentspannung:** Hier geht es um das Thema Selbstregulation und den Unterschied von Anspannung und Entspannung. Negativer Stress ist etwas, das sich langsam einschleicht und hat nicht immer ausschließlich etwas mit der Arbeit zu tun. Es ist eher eine Kombination aus den Lebensumständen einer Person und ihrer Reaktion auf diese Umstände. Langfristig können Spannungszustände, also emotionale Anspannung, die sich auch in den Muskeln widerspiegelt, nicht mehr ohne zusätzliche Übungen aufgelöst werden. So können Kopf- und Rückenschmerzen, Fehlhaltungen und allgemeines Unwohlsein die Folge dieser Anspannungen sein, die Menschen auch oft nicht mehr zu deuten wissen und dann zum Orthopäden oder zur Physiotherapie gehen, obwohl die Anspannung tiefer liegt.

   Die progressive Muskelentspannung nach Jacobson ist sozusagen der Klassiker gegen diese Form der Stressmanifestation und sehr effektiv in der Zurückerlangung der Entspannung der Muskeln und damit auch gegen emotionalen Stress.

Und so funktioniert's:

- Setze dich bequem hin und lehne den Rücken an, schließe deine Augen und lege deine Hände locker auf die Oberschenkel.
- Atme zunächst tief ein und aus, beobachte dabei deinen Atem und nimm deinen Bauch wahr, wie er sich hebt und senkt. Atmest du schnell und in die Brust (Stressatmung), verändere deine Atmung und atme ruhig und bedächtig tief in den Bauch ein.
- Mache jetzt mit deiner dominanten Hand eine Faust und spüre mit der anderen Hand, wie sich die Muskeln anspannen (nicht so stark, dass sie verkrampfen) und halte diese Spannung etwa sieben Sekunden (fünf bis zehn sagt die einschlägige Literatur).
- Lasse die Anspannung mit einem Ausatmen los und deine Hand eine Minute lang auf deinem Oberschenkel liegen. Spüre dem Unterschied zwischen Anspannung und Entspannung nach.
- Nun das Gleiche mit der anderen Faust. Das geht ebenso mit den Gesichtsmuskeln, mit den Beinen, den Schultern und dem Bauch.

Gehe beim ersten Mal einmal Arme und Beine durch. Bei deinen nächsten Sitzungen kannst du den genannten Vorgang grundsätzlich mit jedem Muskel machen. In der Literatur werden unter anderem die Stirn, Kiefer- und Lippenpartie, Schulter- und Nackenmuskulatur, Gesäß, Unter- und Oberschenkel genannt. Auch bei dieser Übung ist die Regelmäßigkeit der Schlüssel zur langfristigen Entspannung. Man kann mittlerweile auch an Volkshochschulen oder online Kurse dazu belegen, was für die ersten Schritte hilfreich sein kann. Im Zweifel hilft auch die „University of YouTube (UYT)".

2. **Meditation:** In allen Formen und Möglichkeiten. Meditation scheint heute etwas hipper und gerade im Management en vogue zu sein. Das liegt an der Effektivität der Entspannung, denn in den meisten Fällen ist in den Führungsetagen das

Stresslevel durchaus hoch. Meditation ist kein urbaner Voodoo und auch kein Hexenwerk. Im Prinzip ist die progressive Muskelentspannung sowie alles, was wir fokussiert angehen, eine Form der Meditation.

Mit Meditation lassen sich die Gehirnwellen beeinflussen, die in Beta-Wellen (Wachzustand), Alpha-Wellen (entspannter, offener Geist), Theta-Wellen (Schlaf, Entspannung) und Delta-Wellen (Tiefschlaf) unterschieden werden. Ziel der Meditation sind die Alpha-Wellen, die für Entspannung sorgen, in der wir jedoch noch einen beeinflussbaren Zustand haben (entgegen den Theta- und Delta-Wellen). Sind wir im Alltag unterwegs, ist das Gehirn im Betazustand und hoch aktiv. In einem ersten Schritt ist es jedoch wichtig und interessant, sich mit den Alpha-Wellen zu befassen. Ein Zustand, den ein Mensch über den Tag verteilt gar nicht so selten hat. Beim Duschen, vor dem TV lungernd oder wenn man einer kreativen Tätigkeit wie dem Spielen eines Instruments nachgeht. Alles, was unsere Gedanken schweifen und ein wohliges Gefühl aufkommen lässt, ist mit dem Alphazustand assoziiert, den man unter anderem über die progressive Muskelentspannung oder über die Einleitung einer Meditation herbeiführen kann. Es gibt verschiedene Arten der Meditation, wovon zwei zunächst ausreichend sind: die geführte in Form einer Fantasiereise über Audio oder die selbst durchgeführte. Und so gehst du es an:

Geführte Mediation (gut für Anfänger)

- Suche dir aus dem Internet eine geführte Meditation zum Thema Entspannung. Es gibt unzählige Coaches, die ihre Angebote so vermarkten, dass sie auf ihrem YouTube-Kanal geführte Meditationen kostenfrei anbieten. Wähle eine Meditation aus, bei der dir die Stimme zusagt und die professionell aufgenommen wurde. Es ist durchaus ärgerlich, wenn während einer entspannenden Meditation plötzlich ein lautes Knacksen auf den Kopfhörern ist oder ähnliche Geräuschkulissen. Deshalb empfiehlt es sich, die Datei zuvor einmal durchzuhören. Dann musst du nichts weiter tun.

- Folge einfach den Anweisungen der Sprecherin oder des Sprechers und genieße die Meditation. Achte auf die Wortwahl. Manche geführten Meditationen sind aus Unwissenheit mit negativen Formulierungen gespickt, die nicht immer hilfreich sind. Bedenke, du möchtest dich entspannen und dazu eine positive Grundstimmung erreichen.

Selbst durchgeführte Meditation

- Die selbst durchgeführte Version beginnt im ersten Schritt wie die progressive Muskelentspannung. Setze dich also ruhig hin und atme einige Male tief ein und aus, bis du das Gefühl bekommst, langsam zur Ruhe zu kommen (Bauchatmung).
- Beginne deinen Atem zu fokussieren und achte darauf, wie er zur Nase reinströmt und wieder hinaus.
- Lasse alle aufkommenden Gedanken vorbeiziehen. Das ist leichter gesagt als getan, aber der Kern einer Meditation zur Entspannung.
- Die Kunst dabei ist, den Gedanken keine besondere Aufmerksamkeit zu schenken, sondern sie wie Wolken oder Wellen vorbeiziehen zu lassen und bewusst weiterzuschicken. „Ihr seid da, okay, und weiter geht's."
- So merkst du langsam, wie du immer entspannter und entspannter wirst (was du dir übrigens in Gedanken auch sagen kannst: „Ich werde mit jedem Atemzug entspannter und immer entspannter"). Halte diesen fokussierten Zustand zu Beginn etwa zehn Minuten und trainiere das einige Tage immer zur gleichen Zeit am gleichen Ort.

Manche Autoren empfehlen einen Wecker zu stellen, was ich persönlich nicht machen würde. Dein Körper weiß sehr gut, wann es genug ist mit der Meditation, und solltest du einschlafen, dann brauchte er auch das. Es kann sein, dass dir zu Beginn vielleicht schwindelig wird oder sogar schlecht in der Magengegend. Das ist nicht unnormal und eine Fehlinterpretation deines Gehirns (Orientierung), weil dir noch ein wenig Übung fehlt. Zur Mediation gibt es unzählige Varianten mit sehr unterschiedlichen Vorgehensweisen. Mache erst einmal diese einfache Version und du wirst feststellen, dass du ruhiger wirst.

Probiere es aus und prüfe, ob es für dich passend ist. Es gibt einige Menschen, die allgemein zu unruhig sind für eine Meditation und einfach nicht in den entsprechenden Zustand kommen. Das ist auch völlig in Ordnung, dann ist eine andere Methode erfolgversprechender für die Entspannung.

3. **Bewegung als Ventil:** Nein, du musst dich nicht sofort im Fitnessstudio anmelden, dir eine teure Tour-de-France-Ausrüstung und ein neues Bike für 3000 Euro kaufen. Es reicht völlig aus, sich regelmäßig zu bewegen. Das kann die immer gleiche Spaziergehstrecke sein, ein paar Übungen am Morgen und/oder am Abend.

Der Schlüssel liegt hier in der Kontinuität der Bewegung, die über die herkömmlichen Wege im Alltag hinausgehen sollten. Hundebesitzer sind da klar im Vorteil – sie müssen in der Regel mindestens zweimal täglich mit ihrem Vierbeiner für eine gewisse Zeit raus, auch bei Wind und Wetter. Bewegung baut nachweislich die Stresshormone ab, die sich im Laufe des Tages angesammelt haben. Deshalb ist es kontraindiziert, sich nach einem stressigen Tag mit einem Bier in der Hand auf der Couch niederzulassen und sich von negativen Nachrichten berieseln zu lassen, oder anders: stressiger Tag + Horrornachrichten + null Bewegung + schlechte Ernährung = Rezept für einen negativen Allgemeinzustand. Das ist nicht generell zu verurteilen und ich sitze genauso gerne auf der Couch und lasse mich von einer Serie bei einer Pizza berieseln. Es ist nur nicht hilfreich, wenn diese Abende zu einem Dauerzustand werden. Hier macht die Dosis das Gift. Stattdessen ist es genau das Richtige, sich nach einem anstrengenden Tag auszupowern oder wenigstens eine große

Runde um den Block zu gehen. Es ist eine so scheinbar simple Sache, sich zu bewegen, aber eines der größten Probleme unserer Zeit. Seit dem Industriezeitalter haben wir im Laufe der letzten Jahrzehnte das Zuhausesein so perfektioniert, dass wir es heute schaffen, tagelang nicht vor die Tür gehen zu müssen. Lieferdienste, Onlinekonferenzen, Streamingdienste und das Smartphone schaffen eine nie dagewesene Komfortzone, die es an manchen Tagen auch schwer macht, sich davon zu lösen. Gerade dann, wenn dieser Zustand erreicht ist, sage dir bewusst: Jetzt gehe ich spazieren (oder Rad fahren oder Ähnliches).

Im besten Falle und wenn jemand ausreichend Zeit hat, ist eine Kombination der drei Punkte die beste Mischung. Das bedeutet leichtes Ausdauer- oder Krafttraining, progressive Muskelentspannung mit anschließendem Übergang in eine Meditationseinheit. Danach duschen, früh ins Bett und du stehst am nächsten Morgen wie neugeboren auf! Statt Sport kann es durchaus auch etwas anderes sein, zum Beispiel ein Instrument zu spielen oder anderen kreativen Tätigkeiten nachzugehen. Allerdings ist es hilfreich, Bewegung an der frischen Luft und bei Tageslicht zumindest ein paar Minuten am Tag einzuplanen, um so einen positiven Einfluss auf die Psyche und die Physis zu nehmen.

Sich zu bewegen hat zahlreiche weitere Vorteile. Mit regelmäßigen Sporteinheiten, sei es nun in einem Verein mit einer bestimmten Sportart oder im Fitnessstudio, beeinflusst du auch deine Körperstatik positiv und wirkst Alterserscheinungen wie Arthrose oder allgemeinen Mobilitätseinschränkungen positiv entgegen. Darüber hinaus schüttet Sport Glückshormone aus und deine Körperhaltung verbessert sich, was ebenfalls eine positive Auswirkung auf die Stimmung hat.

Deine Körperhaltung

„Wenn du deprimiert bist, ist es ungeheuer wichtig, eine ganz bestimmte Haltung einzunehmen. Das Verkehrteste, was du tun kannst, ist aufrecht und mit erhobenem Kopf dazustehen, weil du dich dann sofort besser fühlst. Wenn du also etwas von deiner Niedergeschlagenheit haben willst, dann musst du mit hängenden Schultern dastehen."
Charles M. Schulz (Charlie Brown in den Peanuts Comics)

Manchmal scheinen die Mittel und Wege zur Veränderung der eigenen Stimmung zu einfach, als dass sie von Klienten und Patienten genutzt werden. Der renommierte Physiopsychologe Dr. Erik Peper hat neben weiteren Erkenntnissen zur Haltung bei der Bildschirmarbeit in seinen Studien herausgefunden, dass sich das Energieniveau seiner Studierenden mit der Körperhaltung veränderte. Peper fand heraus, dass seine Studierenden wacher und aufmerksamer waren bei einer geraden Körperhaltung als in einer nach vorne gebeugten Haltung wie etwa beim Schreiben am Laptop. Das dadurch verbesserte Energieniveau ließ auch die Stimmung der Probanden steigen.

Sicher ist eine derartige Messung schwierig und beruht oft auf subjektiven Eindrücken, die durch Fragebögen wissenschaftlich objektiviert werden sollen. Ein Rezept getreu dem Motto „Halte dich gerade, dann geht es dir gut" ist es also nicht. Dennoch wird heute depressiven Patienten in der Psychotherapie unter anderem empfohlen, an ihrer Körperhaltung zu arbeiten. Aufrechtes Gehen, eine gerade Haltung der Schultern und eine gerade Kopfhaltung spielen dabei eine wichtige Rolle.

Es kostet einige Überwindung, sich in einer depressiven Stimmung aufzurichten und so durchs Leben zu gehen, als fühle man sich gut. Körper und Geist sind jedoch miteinander so verbunden, dass beides aufeinander und miteinander wirkt. Genau diesen Faktor nutzt du, indem du dich gerade hältst, und wenn du noch einen draufsetzen möchtest, lächle dich an. Ja, das meine ich ganz ernst, deshalb wiederhole ich es an dieser Stelle noch einmal: Schaue in den Spiegel, richte dich bewusst auf und dann lächle dich an. So, als würdest du dich riesig freuen, dich zu sehen, und dir sagen: „Schön, dass du da bist." Es mag etwas esoterisch klingen, es sind jedoch sehr logische Vorgänge. Die von dem Neurowissenschaftler Joachim Bauer 2006 beschriebenen Spiegelneuronen[3] sind unter anderem dafür zuständig, Empathie zu empfinden. Deinem Gehirn ist es egal, wer dich anlächelt. Wichtig ist für den Moment nur, dich lächelt jemand aus dem Spiegel an, was bei dir wiederum eine positive Reaktion auslöst. Das gepaart mit einem Satz wie „Ich bin gut, so wie ich bin" oder einer morgendlichen Botschaft „Schön, dass es dich gibt" und du wirst erstaunt sein, wie sich deine Stimmung langfristig positiv verändert.

Beim ersten Mal wirst du lachen, was ebenso gut oder sogar noch besser ist. Dann merkst du vielleicht, dass es dir schwerfällt und du sogar Scham empfindest oder dich für total irre hältst. „Jetzt stehe ich vorm Spiegel, lächle mich an und rede mit mir selbst, Psychoooo", könnten unter anderem Gedanken sein, die in dir aufkommen (Achtung: negative Selbstzuschreibung). Du wirst aber schnell feststellen, dass es Normalität werden kann und sich nach und nach gut anfühlen wird, wenn du dich morgens siehst und anlächelst. Es steigert deine Stimmung, dein ganzes Auftreten, weil du die Beziehung zu dir selbst pflegst und diesen selbstkritischen Blick mit den üblichen gedachten Sätzen

---

3 Die Abläufe von Spiegelneuronen sind nicht ganz unumstritten. So werden sie in populärwissenschaftlicher Literatur oftmals wie eigene Reaktions-Neuronen beschrieben, was jedoch für einzelne Neuronen nicht möglich ist. Auch die Spiegelneuronen sind ein Netzwerk aus hochkomplexen Verästelungen, denen kein eigener Handlungsstrang zugewiesen werden kann. So sind Experten heute etwas vorsichtiger bei der Einordnung der Spiegelneuronen, insbesondere im Hinblick auf komplexe soziale Prozesse.

wie „Oh, du hast auch schon besser ausgesehen" oder ähnlichen Formulierungen ablegst. Lerne also die Sätze, die du dir selbst sagst, etwas zu lenken und gehe mit dir selbst gut um.

Affirmationen

Der gesprochene Satz beim morgendlichen Blick in den Spiegel ist eine sogenannte Affirmation, ein Befehlssatz. Vielleicht hast du darüber schon einmal in anderer Literatur oder beim Internetsurfen gelesen. Von diesen Befehls- oder auch Leitsätzen hast du viele in Form von Glaubenssätzen verinnerlicht und sagst sie dir immer wieder auf, bewusst oder unbewusst. Sagst du dir also regelmäßig die Affirmation „Ich kriege nichts auf die Reihe", wirst du unbewusst nach einer Bestätigung suchen, die diesen Glauben auch bestätigt. „War ja klar, dass es nicht klappt. Ich sag doch, ich kriege nichts auf die Reihe, nicht einmal so etwas Einfaches", und damit ist der Einstieg in den Abstieg zu depressiven Episoden und chronischen Erkrankungsbildern geebnet. Dies natürlich nur exemplarisch an dieser Stelle.

Denn nicht jeder, der sich negative Affirmationen sagt, ist automatisch psychiatrisch behandlungsbedürftig. Wie du aber aus dem zweiten Kapitel weißt, kommen die meisten Glaubenssätze von außen und sind eben in vielen Situationen im Erwachsenenalter auch Barrieren, die deine Lebensführung beeinträchtigen können. Deshalb ist es gut, als Erwachsener seine Glaubenssätze neu zu ordnen, alte aufzulösen und neue hinzuzufügen.

Ein leichter Einstieg in diese Affirmationsarbeit ist ein einfacher Satz, den du dir auch an deinen Spiegel kleben kannst, damit du ihn nicht vergisst. Sage ihn dir laut vor, sodass du den Satz von dir hörst:

„Ich bin gut, so wie ich bin"

Dieser simple Satz wird dir im Gedächtnis sein und dich durch den Tag tragen. Denn er bedeutet, du bist akzeptiert in der Welt als der Mensch, der du bist. Einige Menschen mit Depressionen haben eine Problemstellung mit der Akzeptanz im Leben. Sie fühlen sich nicht gesehen, nicht wertgeschätzt oder ausreichend akzeptiert von anderen Menschen. Manches liegt in der Kindheit durch das elterliche Verhalten begründet, manches geht auf den Stoffwechsel im Gehirn zurück oder auf andere systemische Erkrankungen.

Eine Ursache kann zum Beispiel das Verlassenwordensein von einem Elternteil sein. Auch die direkte verbale Ablehnung durch den Vater oder die Mutter kann sich so sehr als Glaubensmuster „Ich bin nicht liebenswert" oder „Ich bin nicht akzeptiert in dieser Welt" verfestigen, dass nur eine gute und strukturierte Psychotherapie hilft. Kein Coach, kein NLP oder Sozialpädagoge, hier braucht es handfeste, jahrelang ausgebildete Psychotherapeuten, die ihr Handwerk verstehen.

Wie zuvor beschrieben kannst du aber auch selbst eine Menge dafür tun, um deine Stimmung positiv zu beeinflussen. Der Blick in den Spiegel mit Güte, Freundlichkeit und einer positiven Affirmation sind der erste kleine, aber wichtige Schritt in die Richtung, eine gute Beziehung zu dir selbst aufzubauen. Damit bist du allerdings noch nicht deine negativen Glaubenssätze losgeworden.

Negative Glaubenssätze auflösen

Glaubenssätze haben einen wesentlichen Einfluss auf die Bearbeitung einer Krise. Erwartet jemand, dass er ohnehin in ein tiefes Loch fallen wird, aus dem er selbst nicht mehr herauskommt? Erwartet jemand, dass er die Situation sicher gut bewältigen wird, mit einer Handvoll guter Freunde und der Hilfe der Familie? Oder ist jemand in einer sich selbst aufgebenden Haltung des Status quo mit dem Leitsatz „Lässt sich eh nichts ändern, ist halt, wie es ist"? All diese Fragen bringen Antworten hervor, die Rückschlüsse auf das Innenleben und die verborgenen Glaubenssätze eines Menschen zulassen.

Negative Glaubenssätze sind wie Viren. Sie vermehren sich unaufhaltsam, weil sie überall nach Bestätigung suchen, und wenn sie bestätigt wurden, kommen sie wieder und wiederholen dieses „Hab ich's doch gleich gesagt"! Erst deren Bewusstwerdung führt dazu, dass man sie ändern kann. Niemand würde offen von sich folgende Sätze sagen:

„Ich verdiene es nicht, geliebt zu werden."
„Ich habe keinen Reichtum verdient."
„Ich bin nicht gut genug."

Auf einer unbewussten Ebene sind das jedoch genau die limitierenden Glaubenssätze, die bei vielen Menschen vorherrschen, ohne dass ihnen diese so bewusst wären. Diese Bewusstheit erkennt man nur über die Beobachtung der eigenen Sprache. Wenn jemand keinen Coach oder engen Freund für eine Rückmeldung hat, ist die Übung mit dem Tagebuch sehr gut.

Schreibt man intuitiv auf, was in einem so vorgeht, kann man rückblickend viele interessante Schlagworte und Sätze lesen, die auf verborgene Glaubenssätze Rückschlüsse zulassen. Als Hilfestellung findest du hier ein paar Hinweise, wie du deine Leitsätze erkennen und was du als Erstes tun kannst (natürlich solltest du ehrlich zu dir sein):

* Unreflektierte Behauptungen: Es gibt so viele Vorannahmen und Behauptungen über einen selbst und über andere Menschen. Hinterfrage alle diese Annahmen und stelle die Frage: „Kann ich das wirklich wissen, ist das ganz sicher so? Basiert der Glaubenssatz auf einer real beschreibbaren Gegebenheit?"
* Gesellschaftliche Glaubenssätze: Hinterfrage jeden gesellschaftlich anerkannten Glaubenssatz von „Ohne Fleiß kein Preis" (Man verdient nur mit harter Arbeit Geld) bis „Ein Indianer kennt keinen Schmerz" (Ich darf nicht schwach sein). Sicher

kennst du Leute, die wenig bis nichts arbeiten und dennoch Geld haben, ebenso starke Leute, die trotzdem verletzlich sind. Es sind jedoch Glaubenssätze, die unsere Eltern schon erzählt bekommen und unreflektiert weitergegeben haben. Mache ihnen also keinen Vorwurf, sondern ändere deine Sicht.

- Andauernde Rechtfertigungen: Sich selbst zu erklären kann durchaus hilfreich sein, anderen einen besseren Zugang zur eigenen Innenwelt zu geben. Zu glauben, du müsstest dich andauernd bei deinen Mitmenschen für alles Mögliche rechtfertigen, geht auf den Glaubenssatz „Ich bin nicht gut genug" zurück und führt dazu, dass du dich schlecht fühlst, wenn die Rechtfertigung nicht so ankommt, wie du es dir wünschst (Anerkennung, Wertschätzung deiner Offenheit).
- Negatives Denken: Manche Menschen sind so in ihrem negativen Element, dass sie es selbst kaum merken, wie sie sich und andere herunterziehen. Ewiges Jammern und Nölen scheint ihr Naturell zu sein, das sich jedoch auch in negativen Ergebnissen in allen Lebenslagen wiederfindet. Deshalb noch einmal lautstark an alle: WER DEN GANZEN TAG NEGATIV DENKT UND REDET, BRAUCHT KEINE POSITIVEN RESULTATE ERWARTEN. Es ist völlig okay, sich auch mal Luft zu machen und Psychohygiene zu betreiben, Dinge auch mal bewusst negativ einzuordnen und sich zu ärgern. Erlaube dir das bewusst, lege aber auch bewusst einen Stopp ein, indem du dir „Stopp" sagst und deine Gedanken ins Positive lenkst.

Von außen kommende Glaubenssätze sind viel zu schnell unreflektiert übernommen, weil einem in Gesprächen oder beim Zuhören oft gar nicht in den Sinn kommt, etwas zu hinterfragen. Vielleicht weil jemand eine besondere Autorität hat oder seinem Gesprochenen direkt hinterherschiebt: „Das ist eben so, Punkt." Diese Killerphrase wird häufig von Leuten verwendet, denen die Argumente ausgehen, deshalb hier eine Affirmation für dich, die ich persönlich wichtig finde: **Nichts ist so, weil es eben so ist.**

Positive Glaubenssätze entfalten

Nun hast du einige Möglichkeiten der Bewusstwerdung negativer Glaubenssätze kennengelernt und ich möchte dir zur Vervollständigung hier fünf Schritte zur Auflösung der negativen Denkmuster aufzeigen.

1. Hinterfrage kritisch problematische Glaubenssätze mit den Fragen: Woher weiß ich, dass es so ist? Gab es in der Vergangenheit Ausnahmen davon?
2. Wie macht sich der Glaubenssatz in deinem Alltag bemerkbar, also wo bestätigt sich dieser?
3. Was müsste jemand anderes tun, damit er/sie diesen Glaubenssatz und das gleiche Problem erhält wie du?
4. Drehe Nummer drei ins Gegenteil und suche nach einem alternativen Glaubenssatz, der sich gut anfühlt: Was müsste ich denken, um mein Problem zum Positiven zu wenden?
5. Nimm diesen Glaubenssatz und integriere ihn als Affirmation (Befehlssatz) in deinen Alltag wie bei der Spiegelübung. Sage ihn dir die kommenden einundzwanzig Tage, dann weitere neununddreißig Tage und noch einmal weitere dreißig Tage jeden Tag vor. Nach dem Aufstehen und abends vor der Nachtruhe mit einem Lächeln im Gesicht.

In der Literatur findest du unterschiedliche Zeitangaben, wie lange es dauert, einen neuen Glaubenssatz mittels einer Affirmation zu etablieren. Einundzwanzig Tage scheint das Minimum, sechzig Tage schreiben die anderen und in manchen Büchern sind es neunzig Tage, im Schnitt sind es laut James Clear (Buch „Die 1 %-Methode") sechsundsechzig Tage. Aus diesem Grund empfehle ich stets, diese drei Etappen zu wählen, denn das sind kleine Meilensteine auf dem Weg zu einem positiveren Ich und damit ist ein Zeitraum von drei Monaten gesichert.

Frage Nummer drei ist eine meiner Lieblingsfragen im Coaching. **Was müsste ich tun, damit ich dein Problem be-**

komme, und was muss ich mir dazu immer wieder sagen?
Die Frage ist eine Art Kopfstandmethode: Ich könnte auch fragen, **was du tun müsstest, um dein Problem deutlich zu verstärken.** Diese Frage ist paradox, denn genau das will ja keiner und auf diese Weise passiert ein Umdenken. Ich habe auch schon gesagt, ich möchte bitte so detailliert wie möglich dahingehend beraten werden, dass mir genau das Gleiche passiert wie dir.

Anfänglich lachen alle und nach einem kurzen Innehalten beginnt so etwas wie Selbsterkenntnis. Dann kommen Sätze wie „Oh Gott, ich habe meine Partnerin dauernd kontrolliert", „Ich kann einfach nicht Nein sagen" oder „Kein Wunder, dass mein Studium so verläuft" und der wichtigste Schritt der Erkenntnis ist getan und du kannst mit Affirmationen an deinen Themen arbeiten und eine Veränderung herbeiführen.

Schreibe dir erst einmal eine Affirmation auf, die du in deinem Leben etablieren möchtest, und füge später weitere hinzu. So übernimmt dein Gehirn Schritt für Schritt neue Glaubenssätze und mit den entsprechenden Handlungen wird sich dein Verhalten positiv verändern und werden sich die positiven Erlebnisse in deinem Leben häufen. Denn je öfter du diesen Befehlssatz sagst, desto mehr wirst du unbewusst nach dessen Bestätigung suchen und du wirst überrascht sein, wie schnell sich manches bestätigt.

Ganz wichtig dabei ist, dass du realistisch mit deinen neuen Sätzen umgehst. Das bedeutet, wenn Geld bislang dein Problem war und du dir mit einer neuen Affirmation sagst: „Ich bin Milliardär und besitze eine Jacht in Pearl Harbor", wirst du vermutlich keine Bestätigung dazu finden, nicht einmal ansatzweise. Wenn du stattdessen beginnst, ein Haushaltsbuch zu führen, und dir jeden Tag sagst: „Es geht mir finanziell immer besser und besser, ich wachse und mache Fortschritte", dann sind damit zwei wichtige Schritte auf dem Weg zur Lösung deines Problems getan. Denn du verknüpfst eine neue Handlung mit einer neuen Affirmation.

Sind Liebesbeziehungen dein Problem, weil du dich nicht liebenswert findest, hilft dir der Satz „Ich akzeptiere mich so, wie ich bin, und wenn ich mich akzeptiere, akzeptieren mich auch andere" vielleicht mehr als „Ich bin die schönste Frau der Welt und alle lieben mich". Dein Bewusstsein wird sich stets mit deinen unbewussten Annahmen abgleichen und je öfter du eine neue Affirmation sagst, desto mehr wird sich diese als ein Glaubenssatz festigen, der wiederum zu einer bewussten Aussage wie „Ich bin liebenswert" die entsprechende Bestätigung sucht. So nach und nach wird sich deine neue Annahme über dieses Thema in verschiedenen Facetten in deinem Leben bestätigen und letztlich auch in der Paarbeziehung.

Acht Schritte bei der Affirmations- und Glaubenssatz-Arbeit

So wie die Körperhaltung nicht als Allheilmittel für eine depressive Verstimmung zu sehen ist, so sind es auch nicht Affirmationen für Problemstellungen in deinem Leben. Du kannst dir am Tag hundert Mal sagen: „Ich bin reich", aber was passiert dann? Genau, du wirst hundert Bestätigungen finden, dass es nicht so ist. Wenn alle Konten im Minus sind und deine Taschen leer, hilft dir eine derartige Affirmation nicht. Entwickelst du aber für dich einen Plan, wird aus kleinen Schritten eine große Veränderung. Folgendes Vorgehen schlage ich auf Basis der gängigen Literatur vor:

1. **Problem identifizieren, anerkennen**
2. **Herausfinden, was dahintersteht (Bedürfnis)**
3. **Zugehörigen negativen Glaubenssatz erkennen**
4. **Realistisches Ziel aufstellen**
5. **(Kleine) Aktivität/en planen**
6. **Positive Affirmation formulieren**
7. **Positives Gefühl identifizieren**
8. **Affirmation vertiefen**

Schritt Nummer sieben scheint nicht für alle Menschen gleichermaßen logisch zu sein. Aber die Gefühle sind der Zugang zu deiner unbewussten Welt. Dort sind viele Reaktionen gespeichert, die für dich vielleicht manchmal sogar paradox erscheinen, und du fragst dich, wieso sich manche positiven Affirmationen wie „Ich alleine bin für mein Leben verantwortlich" nicht so richtig gut für dich anfühlen. Hier könnte dahinterstehen, dass du immer jemanden hattest, auf den du dich verlassen konntest. Jemand, der dir Entscheidungen abgenommen und auch dafür die Verantwortung übernommen hat.

Dann kann es hilfreich sein, sich genau dieses Thema vorzunehmen und damit zu arbeiten – also eine oder zwei Affirmationen vorzuschalten, was dann so aussehen könnte:

„Ich übernehme Schritt für Schritt die Verantwortung für mein Leben."
„Ich handle bewusst in eigener Verantwortung und entscheide für mich."
„Ich alleine bin für mein Leben verantwortlich."

Hast du ein Grummeln in der Magengegend oder einen Kloß im Hals dabei, ist die erste Formulierung nicht passend und es ist hilfreich, einen Schritt früher anzusetzen und prozesshaft zu formulieren. Stelle den Satz um und höre in dich hinein. In der Regel nehmen wir prozesshafte Sätze wie „Ich wachse und mache Fortschritte ..." besser an als Sätze, die auf einen Seins-Zustand hindeuten („Ich bin leitender Angestellter"), der noch nicht existent ist.

Gleichwohl gibt es auch diese Übung, in der du dir deinen Idealzustand wie bei der Visualisierungsübung während einer Meditation vorstellst. Wenn dieser Zustand ein positives Gefühl in dir auslöst, kannst du es mit einer Affirmation „Ich bin liebenswert/reich/schlank/angstfrei/gut genug" verstärken. Hierzu ist jedoch ein wenig Übung notwendig, weshalb ich zu Beginn eher die prozesshaften Formulierungen empfehle.

Diese Schritte musst du nicht jedes Mal aufs Neue durchgehen. Du kennst dein Problem, kannst es greifen und hast herausgefunden, welcher limitierende Glaubenssatz dahintersteht? Dann weißt du, wo du hin möchtest, kannst danach handeln und es mit deiner Affirmation verstärken. Schauen wir noch einmal genauer an einem konkreten Beispiel darauf, das mir vor einigen Jahren in der Arbeit mit einer Studierenden an der Hochschule begegnete:

Angst vor Präsentationen	
Schritt	**Vorgehen**
Problem identifizieren, anerkennen	Schweißausbrüche, Blackout beim Halten von kurzen Präsentationen vor Fachpublikum
Herausfinden, was dahintersteht (Bedürfnis)	„Ich möchte von den Menschen anerkannt und wertgeschätzt und nicht verurteilt werden, wenn etwas schiefläuft."
Zugehörigen negativen Glaubenssatz erkennen	„Negative Rückmeldung bedeutet für mich, ich bin nicht liebenswert/ akzeptiert."
Realistisches Ziel aufstellen	Bei der nächsten Präsentation vor Fachpublikum souverän auftreten und für mich Ziele abstecken, die mir zeigen, wann es gut geklappt hat
(Kleine) Aktivität/en planen	Vortrag vor einer kleinen Gruppe vertrauter Personen halten und oder vor einem Coach in einer Laborsituation
Positive Affirmation/en formulieren	„Meine Vorträge werden mit jeder Übung immer besser und besser."

Positives Gefühl identifizieren	Das kann das Glücksgefühl nach einem guten Vortrag sein oder auch ein positives Gefühl, weil jemand dieses Thema endlich angegangen ist.
Affirmation vertiefen	Kontinuierliche Wiederholung als tägliches Ritual

Gerade bei dem genannten Thema ist dieses Vorgehen hilfreich. Es mag bei manchen Speakern und Vortragsrednern so leicht aussehen, aber die meisten von ihnen kamen mit harter mentaler und auch physischer Arbeit erst dorthin. Der Schlüssel bei dieser Art von Problemstellung sowie bei vielen anderen auch liegt in der Kontinuität und der Wiederholung.

Einer der Gründe, warum Menschen nach einem beruflichen Wechsel an ihrem neuen Arbeitsplatz wieder die gleichen Probleme wie vorher haben, sind ihre Glaubenssätze, die ihr Verhalten beeinflussen. Entweder geraten sie wieder mit ihren neuen Vorgesetzten aneinander („Chefs wollen dich nur ausbeuten") oder haben die gleichen Konflikte im Kollegenkreis wie an ihrer alten Arbeitsstelle („Die arbeiten alle nichts").

Das gleiche Prinzip gilt bei so vielen Themen. Wenn du glaubst, ein Umzug ist der ultimative Neuanfang, mit dem du alle Probleme in deinem Leben hinter dir lassen wirst, dann nur, wenn sich auch dein Denken verändert. Ansonsten verlagerst du deine Probleme nur an einen anderen Ort. Schaue also immer hinter ein Problem, welcher Glaubenssatz dahintersteht, welches Bedürfnis, und wie du so umdenken kannst, dass sich deine Situation zum Besseren wendet. Das ist durchaus harte Arbeit, die sich aber lohnt! Berücksichtige deshalb unbedingt folgende Punkte:

- Ein Affirmationssatz sollte sich **gut anfühlen.**
- **Bleibe realistisch:** Wünschst du dir eine Partnerin und eine Familie mit Kind und sagst dir: „In einem halben Jahr

habe ich eine Frau und ein Kind mit ihr", ist das nicht ganz realistisch (nicht nur, weil ein Kind etwas länger braucht, wenn es ein gemeinsames sein soll). Ja, es gibt diese Lovestorys, die ich jedem gönne. Es ist jedoch bei der Arbeit mit Affirmationen durchaus wichtig, realistisch zu bleiben und sich selbst glauben zu können, weil der Schuss sonst nach hinten losgeht.

- Unternimm **kleine Schritte auf dem Weg zum großen Ziel**. Wenn du dir nur Affirmationen sagst, ohne etwas zu tun, wird sich nur wenig verändern. Erinnere dich selbst immer wieder an die kleinen Schritte. Klebe dir Zettel an den Spiegel, mache dir Erinnerungen ins Smartphone und tue jeden Tag etwas für die Besserung deiner Situation, auch wenn es noch so kleine Schritte sind.

- **Kontinuität:** Ich kenne das nur zu gut. Da gehe ich nach einem halben Jahr endlich mal wieder ins Fitnessstudio, esse einen Tag gesund und bin am nächsten Tag auf der Waage enttäuscht, dass ich nicht mindestens fünf Kilo abgenommen habe. Aber ich weiß natürlich auch, dass das so nicht funktioniert. Langfristige, positive Veränderung erfordert Kontinuität. Das ist ein Prozess, der eher ein Marathon als ein Sprint ist.

- Dabei hilft dir ein **Zielbild:** Stelle dir die „Endversion" von dir in Perfektion vor. Das ist deine Karotte, der du hinterherrennst, bis du für dich einen Status hast, der für dich passend ist. Diese Übung ist auch im Projektmanagement beliebt: Man denkt vom Ziel aus rückwärts und stellt die Frage: **„Was werde ich bis dahin alles getan haben?"**

Alle diese Schritte unterstützen dich bei der Bearbeitung einer Krise, denn sie stützen den Selbstwert, rücken das Selbstkonzept in ein positives Licht und steigern durch die positive Haltung die Selbstwirksamkeitserwartung:

„Ich kann das, ich tue aktiv etwas, ich bin für mich verantwortlich."

Hilfreich bei der Arbeit mit Affirmationen und Glaubenssätzen ist, dass allem Gesagten auch entsprechende Handlungen folgen und umgekehrt (positive Handlungen und Ergebnisse mit einer Affirmation verstärken).

Gleichzeitig ist es durchaus ratsam, wenn man sich davor hütet, sich mit anderen zu vergleichen. Diese Fragen „Warum gerade ich?" und „Warum geht es den anderen immer gut?" führen nur wieder zu einer Selbstrechtfertigung, die in einen negativen inneren Dialog mündet und deine Situation verschlechtert. Oder aber sie führen zu Neid und Missgunst, die letztlich nichts anderes darstellen als negative Gedanken, die wiederum konträr zur Krisenbewältigung stehen.

Soziale Vergleiche meiden

Scrollt man sich durch die sozialen Netzwerke, scheint es so, als wären alle anderen glücklichere Menschen als man selbst. Dabei wissen wir längst, dass die Welt auf dem kleinen Bildschirm eine Scheinwelt ist, die uns etwas vorgaukelt. Halbstarke junge Kerle präsentieren sich vor protzigen Autos mit Geldbündeln in der Hand und wollen dir weismachen, du kannst das auch. Hauptsache, du meldest dich schnellstmöglich über „ihren persönlichen Link" irgendwo an, was dich auf jeden Fall mehr Geld kosten wird, als du rausholen wirst. Einen Tag ein Auto leihen, das Nummernschild der Leihautofirma geschickt verdecken und mit sogenanntem Prop Money (Geld, das auch im Film verwendet wird) möglichst viele Videos für TikTok, Insta und YouTube erstellen. Fertig ist der Unsinn. Junge Mädels, die ihre Freunde dazu nötigen, dauernd Fotos von ihnen in jeder Lebenslage zu machen und sich vorher ausführlich schminken, drei Filter darüberlegen und sich dann in jedem Urlaub so in Szene setzen, als wäre das ihr „Way of Life".

Ich möchte das nicht generell verurteilen und bin mir sicher, hätte es diesen Trend bereits in den Neunzigerjahren gegeben, hätte ich täglich den Status meines Tamagotchi gepostet, meinen He-Man auf Castle Grayskull in Szene gesetzt und die Games meines Commodore 64 sowie jedes Level aus dem PC-Spiel „Doom" reviewt.

Es ist menschlich, sich mitteilen zu wollen und auch sozial zu vergleichen, **doch warum machen Menschen das überhaupt?**

Wenn ich einen Marathon in fünf Stunden absolviere, dann weiß ich allenfalls, dass ich einen Marathon laufen kann (was ich persönlich nicht tue). Erst im Vergleich mit anderen Läufern habe ich eine Einordnung für mich, ob das viel ist, wenig oder Durchschnitt. Man benötigt also andere Menschen zur Beobachtung und Einordnung der eigenen Leistung und des eigenen Verhaltens. Sich mit anderen zu vergleichen gibt Orientierung, denn man erhält Informationen, Wertvorstellungen und Meinungen, die mit den eigenen Themen abgeglichen werden können. Eine Beurteilung und Bewertung der eigenen Leistung, der eigenen Lebenssituation sowie der Beziehungsgefüge anderer Personen gibt Aufschluss über den eigenen Status im Hinblick auf diese Themen. Der amerikanische Sozialpsychologe Leon Festinger begründete in den 1950er Jahren die Theorie des sozialen Vergleichs, in der er beschreibt, wie wichtig der Faktor der Ähnlichkeit bei einer Vergleichsperson ist, damit eine entsprechende Bezugsgruppe vorhanden ist.

Am Beispiel des Marathonläufers wäre ein sozialer Vergleich zwischen jemandem wie mir, der nur wenige Kilometer am Stück läuft und einem Langstreckenläufer wie Eliud Kipchoge völlig unnütz. Dadurch erhält man keine Bezugsgröße und es hat keine weiteren Auswirkungen auf den individuellen Selbstwert. Es ist keine Ähnlichkeit zwischen den beiden Personen im Hinblick auf die Laufleistung vorhanden. Bei einem anderen sozialen Vergleich, nämlich dem bürgerlichen mit dem Nachbarn, sieht es schon anders aus. Hat der Nachbar ein großes Auto, will der andere Nachbar ein mindestens ebenso großes Auto einer ebenbürtigen Marke. Leisten sich die einen die große Reise, muss der andere gleichziehen. „Ich bin dir ebenbürtig, wenn nicht sogar besser", könnte ein möglicher Glaubenssatz sein.

Natürlich gehören zu dem Faktor der Ähnlichkeit weitere Faktoren, um eine Vergleichbarkeit herzustellen. Das Alter, der berufliche Status und die allgemeine Lebenssituation sowie die Lebensausrichtung spielen dabei eine Rolle. Ein ähnliches Alter, ein ähnlicher beruflicher Status sowie eine ähnliche materielle Ausstattung sind die beste Voraussetzung für einen Nachbarschaftskonflikt, insbesondere dann, wenn sich diejenigen ohnehin nicht riechen können.

Eine weitere wichtige Rolle spielt der Selbstwert bei sozialen Vergleichen. Zur Aufrechterhaltung der Selbstbewertung kann jemand sich nach oben hin vergleichen (Aufwärtsvergleich), also mit einer anderen Person, die scheinbar erfolgreicher in bestimmten Bereichen, wie etwa beim Sport oder allgemeinem Wohlstand, ist. Diese Art des Vergleichs kann das Selbstwertgefühl negativ beeinflussen und Neid hervorrufen. Ist dieser konstruktiv, kann daraus eine motivierende Haltung entstehen und ein Streben nach dieser Person im Sinne eines Vorbilds für einen bestimmten Lebensbereich. Gleichzeitig werden die Leistungen dieses Menschen anerkannt.

Im Gegensatz dazu steht destruktiver Neid. Dieser ist geprägt von Missgunst gegenüber dem anderen, indem schlecht über denjenigen geredet wird, um dessen Ruf zu schmälern sowie eine bewusste Abwertung der scheinbar unverdienten Erfolge. Vieles davon geschieht automatisch. Durch die Tatsache, selbst nicht die Möglichkeit zu haben, sich den Erfolgen des anderen anzunähern, wird dieser abgewertet, um unbewusst eine Form der Angleichung herzustellen und den eigenen Selbstwert zu stärken. Gut erkennbar ist diese Art des Neids an einem Satz wie „Der/Die ist auch nicht besser, nur weil ...". Setze gerne für dich die passenden Ergänzungen ein (... sie einen Arzt geheiratet hat/... er studiert hat/... sie geerbt hat/usw.). Eine andere Vorgehensweise kann die Heranziehung vergangener Fehler oder Ereignisse sein, in der sich die Person fehlverhalten hat. Dies geschieht oftmals dann, wenn die Person objektiv bewertbar aus eigenen Leistungen zu Geld kam, sich entwickelt oder hochgearbeitet hat.

Es gäbe noch einige weitere Beispiele und es ist sicher zu einem gewissen Grad auch menschlich, destruktiv zu sein. Diese Form des destruktiven Vergleichens ist es jedoch, die gerade in Krisenphasen problematisch wird, denn sie führt zu negativen Gedanken. Negative Gedanken führen zu negativen Handlungen, die sich auf die Beziehung zu der Person auswirken oder in eine depressive Episode münden können aufgrund eines deutlich geringeren Selbstwertgefühls (Gefühl des Versagens im Vergleich zu der anderen Person).

Beim Abwärtsvergleich ist es hingegen anders. Wie der Begriff erahnen lässt, vergleicht sich eine Person mit einer weniger erfolgreichen oder weniger leistungsfähigen Person. Das eigene Wohlbefinden wird dadurch gestärkt, dass es andere Menschen gibt, denen es noch schlechter geht. Abwärts gerichtete soziale Vergleiche wirken sich geringfügig positiv auf die eigene Beurteilung aus, was jedoch abhängig von der individuellen Situation ist.

Sowohl abwärts als auch aufwärts gerichtete soziale Vergleiche können mit positiven als auch negativen Gefühlen verknüpft werden (Bewunderung & Motivation vs. Neid & Missgunst). Die Tendenz geht jedoch eher hin zu positiven Gefühlen, denn die Bewertung der anderen Person, der Abgleich, erfolgt subjektiv so, dass sie den eigenen Selbstwert eher stärkt. Ist dies nicht der Fall, kommt die destruktive Sicht zum Tragen, die in besagter Negativität münden <u>kann</u>.

Sich zu vergleichen hat also mehrere Funktionen und nicht immer sind diese hilfreich. Aus diesem Grund empfehle ich dir, dich von sozialen Vergleichen innerlich zu distanzieren. Im Verlauf einer Krise ist das zwar leichter gesagt als getan, denn viel zu sehr gönnen wir auch anderen mal so richtig negative Gedanken und eine so harte Zeit. **„Dann sehen die mal, wie es mir geht."**

Aber dennoch mahne ich regelrecht dazu, sich gerade dann auf die positiven Dinge im eigenen Kosmos zu besinnen und soziale Vergleiche allenfalls im positiven Sinne zu unternehmen. Also zu schauen, wer hatte bereits eine ähnliche Situation und hat diese gut gemeistert (Prinzip Selbsthilfegruppen), an wem kann ich mich orientieren und so weiter. Vergleiche kann man nicht ganz abschalten, denn wie schon erwähnt sind andere Menschen eine wichtige Bezugsgröße bei der Einordnung des eigenen Status. Du kannst dich aber abgrenzen, indem du dir klar sagst, dass vielleicht jemand anderes einen ähnlichen Weg geht, es aber dennoch nicht deiner ist.

Jeder Mensch hat seinen eigenen Weg, sein eigenes Timing im Leben, seine eigenen Werte, Bedingungen und Erwartungen an das Leben. Bedenke zusätzlich, dass du nicht in die Köpfe der anderen blicken kannst. Auch die anderen haben ihre eigenen Päckchen zu tragen und du weißt nie, ob der Schein nicht trügt.

Auf Social Media vergleicht man sich mit einer Scheinwelt, die von semiprofessionellen Fotografen und mit Filtern in Szene gesetzt wird, um Einnahmen durch Likes und Werbepartnerschaften zu generieren. Meide diese Medien in einer Phase, in der es dir nicht so gut geht oder reduziere zumindest die Kanäle, auf denen dir überall Menschen begegnen, denen es scheinbar so viel besser geht als dir. Denn die Folge davon ist oftmals eine negative Selbstbewertung, die keinem realistischen sozialen Vergleich Rechnung trägt.

Was kann ich daraus lernen?

Eine Haltung zu entwickeln, mit der man sich zuerst fragt: „Was kann ich daraus lernen?", statt zu fragen: „Warum passiert mir das?", ist ein kleiner, aber effektiver Baustein auf dem Weg aus einer Krise heraus. Lese dir einmal folgende Sätze durch und beantworte dir die Frage, was sie in dir ausgelöst haben:

- Warum hast du das so gemacht?
- Warum treibst du nicht mehr Sport?
- Warum hast du nicht einen Bus früher genommen?
- Warum gehst du nicht mal vor die Tür spazieren?
- Warum findest du keinen Partner?
- Warum kriegst du dein Leben nicht auf die Reihe?

Warum-Fragen schreien nach einer Rechtfertigung. Warum-Fragen sind in bestimmten Situationen auch Von-oben-herab-Fragen, denn der Fragesteller erwartet eine zufriedenstellende Antwort.

Warum-Fragen können einen durchaus weiterbringen (unter anderem wenn man für sich selbst nach einem Warum sucht für eine Handlung oder weshalb man etwas angehen möchte), im Krisenverlauf sind sie jedoch selten zielführend, wenn jemand sie so wie in den Beispielen stellt. Eine Warum-Frage im Verlauf einer Krise führt nicht selten zu Vorwürfen gegenüber sich selbst oder gegenüber anderen. Aus diesem Grund ist die Frage nach „Was kann ich daraus lernen?" für den weiteren Verlauf eines Krisenerlebens deutlich hilfreicher. Alternativ oder ergänzend ist eine gute Frage an sich selbst auch: „Wie bringt mich das weiter?"

Wurde beispielsweise jemand von seinem Partner verlassen, steht oft die Frage im Raum: „Warum hat er (oder sie) mich verlassen?", gefolgt von tränenreichem und verständnislosem Kopfschütteln. Wenn die Antwort darauf dann ist: „Er war einfach ein Idiot", dann okay, Plädoyer abgeschlossen, kein weiterer Gesprächsbedarf.

Bleibt die Antwort jedoch aus und ergeht sich jemand über der Fragestellung in ewigem Grübeln nach Antworten, kann das durchaus krankhafte Züge annehmen. Die Frage „Was kann ich daraus lernen?" eröffnet deutlich mehr Antwortmöglichkeiten. „Mir den Partner genauer ansehen, bevor ich mich ganz darauf einlasse", „Meine Interpretation des Beziehungsstatus nach sieben Monaten hinterfragen", „In Zukunft mehr Gespräche mit dem Partner über die Beziehung suchen", „Wissen, worauf ich bei einem Partner Wert lege" und so weiter. Vielleicht klappt es nicht sofort die „Warums" abzustellen, aber diese Frage nach dem Lernen lenkt deinen Fokus in eine andere Richtung als in eine, deren Antworten du vermutlich nie zu hundert Prozent erfahren wirst.

Natürlich habe ich mich im Hinblick auf den Tod meines Vaters ausreichend oft „Warum?" gefragt und ganz rational unbefriedigende Antworten auf meine Frage gegeben. Als ich mich dazu disziplinierte, mich mehr zu fragen, was ich aus der ganzen Abfolge multipler Krisen lernen konnte, fielen mir einige Dinge ein. Ich konnte lernen, dass es durchaus hilfreich ist, früh und regelmäßig zu Vorsorgeuntersuchungen zu gehen. Diese machen keinen Spaß und mein erster Termin vor einigen Jahren kostete mich wirklich Überwindung, aber ich appelliere wirklich an jeden Mann da draußen: **Gehe zur Prostatakrebsvorsorge so früh wie möglich**. Bist du zu spät dran, ist alles, was darauf folgt, zehnmal schlimmer als diese verhältnismäßig kurze Untersuchung.

Nicht nach Rechtfertigungen zu suchen bedeutet auch, nicht in Vorwürfen zu sprechen. Vorwürfe sind das kleine Äquivalent zu Warum-Fragen und gehen damit mit Konfliktsituationen einher. „Warum hast du das gemacht?" „Das machst du immer so und immer nervt es mich und dann machst du es wieder." Dabei konnte ich eine interessante Beobachtung machen, die auch im NLP beschrieben wird: Menschen, die so mit anderen kommunizieren, gehen auch im Selbstdialog entsprechend mit sich um. Eine Krise ist ein guter Wendepunkt, um den eigenen Kommunikationsstil mit anderen und mit sich vor diesem Hintergrund zu überdenken.

Sag nimmer „immer"

Solche Wortspiele liebe ich! „Immer stimmt meistens nie" habe ich auch einmal irgendwo gelesen. Letzteres sage ich gerne zu Leuten, die mir über eine Konfliktsituation berichten. Diese

Formulierung „Immer macht er/sie …" ist der klassische Vorwurfsatz. Vorwürfe werden unter anderem an diesen Sätzen erkennbar:

„… es ist doch immer das Gleiche mit dir."
„… mach es doch einmal nicht wie immer und höre auf mich."
„… das sagst du immer, aber so ist es nicht."
„… weil du immer so bist."
„… immer wieder machst du das, obwohl du weißt, es stört mich."

Derlei Aussagen sind Gift für die Kommunikation mit anderen Menschen und auch im eigenen inneren Dialog. Nicht zu verwechseln mit dem rhetorischen „Immer", das in Sätzen auftaucht, die eher beiläufig ausgesprochen werden: „Ja, das G'lump funktioniert immer nicht" ist überhaupt kein Problemsatz. „Die immer mit ihrer Unfähigkeit in der anderen Abteilung" kann man schon mal so im Nebensatz sagen, auch keine persönliche Problemstellung. Das sind alles menschliche und selten wohlüberlegte Phrasen, die sich in unseren alltäglichen Wortschatz einschleichen. Werde also bitte nicht zur Kommunikationspolizei!

Die Verwendung des Wortes „immer" hat jedoch im Dialog mit einem Gegenüber und auch im Selbstgespräch eine ganz andere Wirkung. Wenn du dich an das Thema Glaubenssätze erinnerst, wird es klarer und ich möchte das an einem Beispiel konkreter machen.

Denn es ist ein deutlicher Unterschied, ob du dir in einer Situation, die für dich anders als erhofft verlief, sagst: „Oh man, so was geht bei mir immer in die Hose" oder „Schade, hat dieses Mal nicht geklappt, klappt beim nächsten Mal". Die Haltung dahinter ist eine völlig andere. Mit der ersten Formulierung nimmst du dir sämtlichen Spielraum für die Zukunft, weil deine Erwartung ohnehin ist, es wird nicht klappen, weil es „immer" nicht klappt. Beim zweiten Satz kommt die Enttäuschung über den Misserfolg ebenfalls zur Geltung, aber du gibst dir selbst die Möglichkeit, dass etwas funktionieren kann.

Und wenn dein innerer Kritiker jetzt sagt: „Ja, schon klar, Ben. Dann klappt es beim zweiten Mal auch nicht und beim dritten Mal und dann stimmt es *immer* aber auch", dann sage ich dir, dass auch das ein Glaubenssatz ist. Ich stimme dir zu, wenn du immer und immer wieder das Gleiche tust. Wenn ich zehnmal gegen einen guten Sprinter antrete, dann ist die Chance, dass ich zehnmal sein Gesäß am Ende der Strecke sehe, groß. Trete ich zweimal an, verliere und nehme das zum Anlass zu trainieren und unterfüttere das mit einem Glaubenssatz „Ich werde immer besser und besser", garantiere ich dir, wirst du immer besser. Vielleicht schlägst du den Sprinter noch nicht, aber du näherst dich seiner Zeit an, die Abstände werden kürzer und so weiter. Mit der Formulierung, dass irgendetwas immer nicht klappt, sinkt die Motivation ins Minus. Setze für dich gerne jede x-beliebige Situation ein. Wir können in vielen Fällen etwas tun, wenn wir uns die Handlungsoptionen auch in unserem Kopf offenlassen. Auch aus diesem Grund sind in Coachingbüchern und in der Selbsthilfeliteratur so viele Zitate zu finden – sie sind nichts anderes als Affirmationen von anderen Menschen, die dich weiterbringen sollen, oder anders gesagt:

„Ob du denkst, du kannst es oder du kannst es nicht:
Du wirst auf jeden Fall recht behalten."
Henry Ford (Amerikanischer Unternehmer)

Höre genau hin, wann immer du „immer" verwendest, und du wirst feststellen, dass sich die Qualität deiner Kommunikation entscheidend verbessern wird und Konflikte nicht so schnell emotional werden.

Um das weiterzuentwickeln, ist es hilfreich, „gewaltfrei" zu sprechen. „Oh weh, schon wieder so ein Pädagogengeschwafel." In der Tat merke ich es mittlerweile in Gesellschaft schnell, wer von dieser Zunft oder zumindest dahingehend geschult ist, denn neben einigen Schlagworten hören gewaltfreie Sprecher auch ihrem Gegenüber aktiv zu.

Gewaltfreie Kommunikation

Mit dem Thema der gewaltfreien Kommunikation ist es so ähnlich wie im Projektmanagement mit smarten Zielen. Die Formel kennen heute viele Menschen, doch wenn ich mit Projektteams und Seminarteilnehmern Ziele durchgehe, scheinen 80 % die Formel zwar zu kennen, sie jedoch nicht anzuwenden. So ist es auch beim Thema gewaltfreie Kommunikation (GFK). Manch einer hat es im Laufe seiner beruflichen Tätigkeit in Seminaren oder im Studium einmal gehört und kennt die Wolfs- und Giraffensprache. Das war es dann meist auch schon. Falls du dich bereits mit dem Thema beschäftigt hast, überspringe den Teil gerne. Vielleicht ist aber auch eine kurze Auffrischung mal wieder gut?

Über das Thema gibt es einige Bücher für unterschiedliche Kontexte wie unter anderem für Pflegekräfte, Pädagogen, Fach- und Führungskräfte. Ich beschränke mich hier auf die wesentlichen Aspekte nach Marshall B. Rosenberg, der das Vier-Schritte-Modell der GFK begründet hat. Bevor ich das Modell skizziere, lass uns vorher kurz darauf schauen, woran man das Gegenteil erkennt beziehungsweise: **Was ist eigentlich gewaltvolle Kommunikation?**

Einen kleinen Teil hast du vorher schon kennengelernt, das Sprechen in Vorwürfen („Du machst ja immer ..."). Es gibt jedoch eine Fülle weiterer Merkmale, an denen sich gewaltvolle Sprache erkennen lässt:

- Druck aufbauen: „Mach endlich was und krieg dich auf die Reihe."
- Negative Vergleiche: „Deine große Schwester kann das schon und du?!"
- Schuld zuweisen: „Es geht mir schlecht, weil du dich so doof verhältst."
- Stonewalling oder Silent Treatment: Kontakt vermeiden oder auf ein Minimum reduzieren. Hier geht es neben der subtilen Rückgewinnung von Macht darum, einem Konflikt aus

dem Weg zu gehen. Dies führt im Privaten nicht selten zum Kontaktabbruch, weil sich die andere Partei nicht lange auf ein solches Verhalten einlässt.

- Passiv-aggressives Verhalten: Ein Thema wird nicht direkt angesprochen, sondern über versteckte Botschaften wie sarkastische Kommentare oder fortwährendes Augenrollen während der Aussagen des anderen mitgeteilt.

Es gäbe eine ganze Menge mehr Beispiele, aber du hast sicher verstanden, worum es geht. In allen Beispielen ist erkennbar, dass das jeweilige Verhalten dem anderen Schaden zufügen soll. Ich vergleiche das gerne mit einem Boxkampf. Bei den einen geht der Schlagabtausch sofort los und zwei Parteien hauen sich gegenseitig die Vorwürfe um die Ohren. Bei den anderen ist es zu Beginn ein Tänzeln und ein Abklären der Fähigkeiten des Gegners, bis einer zum ersten Schlag ausholt.

Rosenberg hat eine Metapher aus dem Tierreich verwendet, indem er die Art der Sprache zwei Tieren zugeordnet hat. Die **Giraffensprache** steht für die gewaltfreie Kommunikation, denn sie kann mit ihrem langen Hals die Dinge aus einer weiter entfernten Perspektive betrachten und hat ein großes Herz, das es ihr ermöglicht, besser auf die Gefühle und Bedürfnisse anderer einzugehen. Personen, die diese Art des Sprechens bevorzugen, verurteilen nicht, werten nicht umgehend und versuchen ihr Gegenüber zu verstehen.

Im Gegensatz dazu steht die **Wolfssprache**. Sie ist die gewaltvollere Art der Kommunikation. Der Wolf ist Teil des Geschehens, mitten im Rudel und fletscht die Zähne, wenn ihm einer zu nahekommt. Menschen, die „Wolfssprache" verwenden, werden in Konflikten eher urteilen, sich mittels Angriffs verteidigen, beurteilen und bestrafen.

Lass mich dazwischen eine Frage in den Raum werfen: Hat es jemals geklappt, dass du in einem ernsten Disput mit einem Schlagabtausch so mit einer anderen Person ins Reine gekommen bist? Ist deine Antwort „Nein", dann liegt es an den zuvor genannten Beispielen. Der jeweils andere fühlt sich in seinem Erleben und mit seinen Bedürfnissen nicht ernst genommen und nicht gehört und reagiert ähnlich. Statt ehrliche Bedürfnisse und Gefühle zu formulieren („Das hat mich sehr getroffen"), gehen wir in die Offensive, schnappen und keifen wie Wölfe, bis einer scheinbar aufgibt. Oft auch deshalb, weil es einfacher ist, drauflos zu wettern, als sich ernsthaft mit sich selbst, dem anderen und der Situation auseinanderzusetzen. Es erfordert aber auch mehr Energie, sich erst zu reflektieren und dann in die Lage des anderen zu versetzen und zu erfassen, wie er oder sie sich fühlt und seine Kommunikation danach auszurichten.

Verstehe mich bitte richtig. Es gibt einige Situationen, in denen ich ganz bewusst keine Rücksicht auf GFK nehme und ich habe auch nicht den Anspruch, dass jeder nie wieder gewaltvoll kommuniziert. Schon alleine, weil es sehr viele Menschen nur so gelernt haben und die gewaltfreie Art der Sprache manchmal gar nicht zu interpretieren wissen. So schade das auch sein mag, so „naiv" oder „weich" klingt man für den anderen als GFK-Anwender.

Oder anders: Wenn jemand zu einem Boxkampf mit einem Messer erscheint, ist es trotzdem gut, selbst eins dabei zu haben. Aber ich besinne mich gerade in Konfliktsituationen darauf, genau hinzuhören, was wie an mich adressiert ist oder wie zwei Konfliktparteien miteinander sprechen. GFK hat wie alle Methoden seine Grenzen und muss zur Situation und zu den Menschen passen.

Das Ganze funktioniert nach einem Vier-Schritte-Modell, das leicht zu merken ist. Deshalb versuche es gerne einmal in der Praxis, gerade im Austausch mit Leuten, mit denen du sonst anders kommunizierst.

1. **Beobachten und Wahrnehmen:** Ohne zu bewerten, nimmst du eine Situation wahr und stellst fest. Es geht also erst einmal nur darum, wahrzunehmen, was ist, und etwas völlig wertfrei zur Kenntnis zu nehmen. Klingt einfach, ist aber eine der schwierigsten Aufgaben in der zwischenmenschlichen Kommunikation. Denn wir werten und ordnen den ganzen Tag ein. Übung macht auch hier den Meister.

2. **Welches Gefühl löst der Moment, die Situation und das Gesagte bei mir aus?** Beantworte dir diese Frage mit Primärgefühlen[4] wie Angst, Trauer, Wut oder Freude und ohne Vorwürfe. „Ich fühle mich ärgerlich (wütend) durch das Gesagte" statt „Dein verzapfter Blödsinn macht mich richtig irre".

3. **Eigenes Bedürfnis erkennen:** „Mir ist Verbindlichkeit in einer Freundschaft wichtig" statt Konjunktiv „Ich hätte gerne mehr Verbindlichkeit, wenn wir etwas ausmachen".

4. **Wunsch oder Bitte konkret formulieren:** „Ich möchte gerne, dass ich mich darauf verlassen kann, wenn wir etwas ausmachen."

Für einige mag das wie „Wischiwaschi"-Kommunikation klingen, aber du wirst merken, dass die Qualität deiner Gespräche deutlich besser wird, wenn man diese Schritte im Hinterkopf behält. Und du wirst extrem desillusioniert sein, wenn du den Menschen um dich herum genau zuhörst, wie sie miteinander sprechen. Lasse ihnen unbedingt ihre Art zu sprechen und werde nicht zum Oberlehrer. Du entwickelst dich, lernst dazu und das ist in Ordnung. Aber niemand mag Klugschei*er.

Was hat das alles mit Krisen und deren Bewältigung zu tun? Die Art deiner Kommunikation mit anderen Menschen, aber auch mit dir selbst, hat einen Einfluss auf dein Beziehungsgefüge und Einfluss darauf, wie du mit dir selbst umgehst. Machst du dir viele Vorwürfe und fletschst dir gegenüber die Zähne, wenn etwas nicht so geklappt hat, wie du wolltest, hat das unmittelbare Auswirkungen auf deinen Gemütszustand. Gerade im Verlauf einer Krise ist es deshalb ratsam, auch sich selbst gegenüber wertschätzend und manchmal wie eine Giraffe mit einer distanzierten Perspektive auf deine Themen zu blicken.

---

4 Sekundärgefühle erkennst du daran, dass die Gefühle nicht so klar benannt werden. Jemand sagt dann Dinge wie: „Da habe ich mich gefühlt, als würdest du wollen, dass ich mich nicht mehr melde."

Mit dieser Grundhaltung wirst du merken, dass sich deine Beziehungen verbessern werden (siehe auch IV. Kapitel). Man denkt nicht immer an derartige Modelle, besonders nicht in einer Konfliktsituation. Dann heißt es dranbleiben, weiter üben und schauen, wie man die eigene Kommunikation verbessern kann.

Rückschläge aushalten: Deine Widerstandsfähigkeit

> *„Auch aus Steinen,*
> *die einem in den Weg gelegt werden,*
> *kann man Schönes bauen.“*
> Goethe (Deutscher Dichter)

Wenn du schon ein paar Jahre auf der Welt bist, hast du sicher schon Dinge erlebt, die sich ganz entgegen deiner eigenen Pläne entwickelt haben. Zu lernen, mit Rückschlägen umzugehen, ist eine Kunst und wie so vieles ein lebenslanger Prozess mit einigen Aufs und Abs. Es lohnt sich dennoch, sich für Rückschläge zu wappnen, denn wie du bereits weißt, ist eine Krise nicht linear und ein Werkzeugkoffer geht nicht immer sofort auf. Nun könnte ich an dieser Stelle sagen: „Lebe einfach aus deiner Erfahrung, alles hat dich irgendwie stärker gemacht“, aber du weißt genauso gut wie ich, dass es viele Menschen da draußen gibt, die an ihrer persönlichen Krise zerbrochen sind.

Derartige küchenpsychologische Phrasen sind es, die ein Krisenerleben eher verstärken, weil sie den momentanen Krisenanlass nicht würdigen. Im Verlauf der Stabilisierung nach einer Krise kann es Momente geben, in denen es wieder schlechter wird.

Rückschläge auszuhalten und mit ihnen widerstandsfähig umzugehen, ist ein Teil der individuellen **Resilienz**. Hat jemand eine positiv ausgeprägte Resilienz, kann er oder sie auch mit

Rückschlägen besser umgehen. Der Begriff wird heute in vielen Lebensbereichen sehr inflationär verwendet (unter anderem die resiliente Organisation) und bedeutet „Widerstandsfähigkeit".

Zum Abschluss der Werkzeuge und Übungen möchte ich auf ein paar wirksame Möglichkeiten eingehen, wie man diese Widerstandsfähigkeit für harte Zeiten aufbauen kann. Dazu möchte ich dir ein letztes Säulenmodell vorstellen, in dem dir sicher bereits einige Begriffe bekannt vorkommen, **die sieben Säulen der Resilienz:**

Akzeptanz	Akzeptieren von Realitäten und Situationen, um aus dieser Ausgangslage planungsfähig zu werden.
Optimismus	Der Glaube daran, dass die Krise vorübergehen wird und zeitlich begrenzt ist (optimistischer Blick in die Zukunft).
Selbstwirksamkeit (die Opferrolle verlassen)	Statt sich als Opfer wahrzunehmen, eine Haltung als aktiv handelnde Person einnehmen.
Verantwortung	Die Bereitschaft, Verantwortung für das eigene Handeln zu übernehmen.
Netzwerkorientierung	Wichtig: Ein aktives soziales Netzwerk und dessen Pflege.
Lösungsorientierung	Leitende Frage: Wie gehe ich lösungsorientiert mit meiner Krise um? Optimismus und Akzeptanz führen in diese Säule.
Zukunftsorientierung	Zukunft aktiv gestalten und eine Idee von der eigenen Zukunft entwickeln, statt sie einfach geschehen zu lassen.

Um zu veranschaulichen, was das in der Praxis bedeutet und wie du sowohl als Betroffene/r als auch als Beratende/r erkennen kannst, wie es um die individuelle Resilienz bestellt ist, habe ich dir hier eine Hilfestellung zusammengestellt, die auch das Gegenteil resilienter Aussagen berücksichtigt:

Positiv ausgeprägt	Säule	Negativ ausgeprägt
„Okay, schwierige Situation."	**Akzeptanz**	Verdrängung: „Welche Krise? Alles bestens."
„Das schaffe ich schon irgendwie."	**Optimismus**	Pessimismus: „Klappt eh nicht."
„Ich mache das ..." „Jetzt handle ich."	**Selbstwirksamkeit (die Opferrolle verlassen)**	Sich als Opfer sehen: „Die wollen mir ohnehin alle was Böses, da kann ich nichts machen."
„Ich übernehme Verantwortung für mich und mache ab sofort ..."	**Verantwortung**	Verantwortung bei anderen suchen: „Was soll ich da machen, wenn die (z. B. Ärzte) so etwas sagen?"
„Ich melde mich bei meinen Freunden."	**Netzwerkorientierung**	Sozialer Rückzug: „Mit wem soll ich mich schon austauschen?"
„Das kann ich tun, um ..."	**Lösungsorientierung**	Problemorientierung: „Da entsteht nur ein weiteres Problem, ich mache lieber nichts."
„Ich habe eine Idee von meiner Zukunft."	**Zukunftsorientierung**	In der Vergangenheit leben: „Früher war alles besser."

Die Kenntnis darüber eröffnet einem Menschen neue Wege, seine eigene Resilienz auszubauen. Darüber hinaus gibt es schützende Charaktereigenschaften, die in der Forschung genannt werden. Dazu gehören eine grundsätzliche innere Ausgeglichenheit, geringe Ängstlichkeit, gute Analyse- und Planungsfähigkeiten sowie die realistische Einschätzung von Situationen. Entgegen dem, was in mancher Literatur hin und wieder behauptet wird, ist Resilienz keine angeborene Eigenschaft, sondern baut sich im Laufe eines Lebens durch begünstigende Faktoren auf. Dazu zählen unter anderem:

- eine positive Beziehung zu mindestens einer erwachsenen Person (das müssen nicht zwingend die eigenen Eltern sein) woraus ein positiver Einfluss zur Bildung eigener Fähigkeiten resultiert, wie etwa der Umgang mit Problemstellungen
- positive Rollenbilder durch Dritte (Vorbilder)
- Verbindungen zu Freunden aus stabilen Familien

Wenn du dich schon einmal mit dem biopsychosozialen Modell befasst hast, bist du zu Recht stutzig geworden. Resilienz sei nicht angeboren und gleichzeitig soll eine geringe Ängstlichkeit zu den schützenden Faktoren der Resilienz gehören. Der Hirnstoffwechsel ist etwas sehr Komplexes, von dem ich mir nicht anmaßen möchte, kompetent darüber zu schreiben.

Dennoch weiß man aus der Neurobiologie, dass gewisse Veränderungen der Neurotransmitter Noradrenalin, Serotonin und Gamma-Aminobuttersäuren Ängste und Depressionen begünstigen, also durchaus ein biologischer Faktor sind, der angeboren sein kann. Ein anderes Thema, das in der Psychologie mittlerweile diskutiert wird, sind sogenannte transgenerationale Traumata. Also Traumata, die an die nächste Generation biologisch weitergegeben werden. Bei traumatisierten Überlebenden des Holocaust hat man festgestellt, dass deren Kinder und sogar Enkelkinder unter anderem an Flashbacks leiden können, die sie selbst nie erlebt haben, oder aus unerklärlichen Gründen Panikattacken und andere Erkrankungen entwickeln können. Es ist allerdings bislang nicht abschließend gesichert, ob es nicht auch andere Faktoren sein können. So könnten Erkrankungsbilder bei Kindern unter anderem auch auf das Verhalten traumatisierter Eltern zurückzuführen sein. Ein absolut spannendes Forschungsfeld, dessen weitere Ausführung den Rahmen hier sprengen würde.

Vielmehr ist es mir wichtig, dass du von diesem Buch den größtmöglichen Mehrwert mitnimmst und so lass uns gemeinsam auf interessante und leicht umzusetzende Vorgehensweisen blicken.

VII. Das Album deines Lebens schreiben

Mittlerweile weißt du: **Nach der Krise ist vor der Krise.** Vielleicht muss man sie gar nicht immer gleich so titulieren und als Krise bezeichnen, es hilft jedoch, dir einen groben Plan für deinen Lebensentwurf zu machen. Das bedeutet nicht, dass du dich sofort hinsetzen und eine Bucket List (Löffelliste = eine Liste mit Themen, die man abgearbeitet haben will, bevor man den Löffel abgibt) schreiben sollst und diese akribisch erledigen musst.

Vielmehr knüpft dieses finale Kapitel an das Thema Resilienz an, führt es jedoch noch weiter, weil es letztlich um deine Einstellung geht – deine Einstellung zu den großen Themen im Leben. Dazu gehören deine Beziehungen, deine Gesundheit, deine sozialen Kontakte, dein Beruf, dein Lebensstil und deine Finanzen. Ich erspare mir, dazu entsprechende Ratschläge zu geben, denn hiervon gibt es für jedes einzelne Thema ausreichend Literatur. Interessant ist jedoch eine Bestandsaufnahme in diesen Lebensbereichen, um deinen Status quo zu kennen. Dies nur, um dich immer wieder mit dir selbst zu vergleichen und zu sehen, wo du an welchem Zeitpunkt stehst.

Das „Wheel of Life": Ein Coaching-Klassiker

Mit dem Lebensrad kann man für sich herausfinden, wo man bei den genannten Kategorien im Leben steht und darauf aufbauen. Diese Lebensbereiche sind jedoch nur ein Vorschlag. Sowohl in der Literatur als auch in der Praxis finden sich im Lebensrad unterschiedliche Themenbereiche wieder. Es gibt jedoch einige, die, wie ich gerne sage, zur Basis des Menschseins in unserer Gesellschaft gehören. Diese möchte ich dir anhand der folgenden Grafik exemplarisch darstellen:

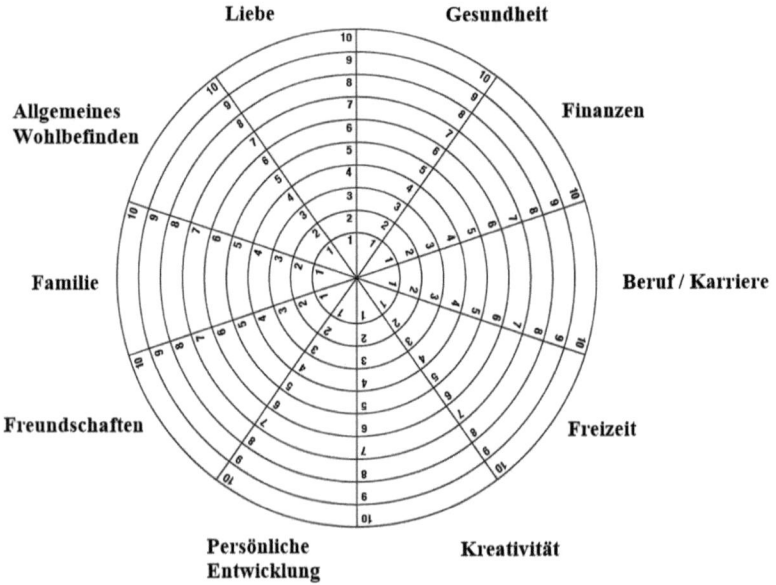

Mit den Skalenwerten von eins bis zehn von der Mitte aus nach außen wird die Einordnung des Befindens bei der jeweiligen Kategorie vorgenommen. Hast du eine absolut kreative Phase, machst du bei Kreativität irgendwo zwischen acht und zehn eine Markierung. Findest du, du könntest mal wieder mehr für deine Gesundheit tun und hast dich ein wenig gehen lassen, machst du eine Markierung zum Beispiel bei zwei oder drei, wenn du es für dich sehr negativ einordnest. Nach Abschluss aller Kategorien werden alle markierten Punkte miteinander verbunden, sodass sich ein Gesamtbild ergibt (es erinnert ein wenig an Zeichnungen von Sternenbildern in der Astronomie):

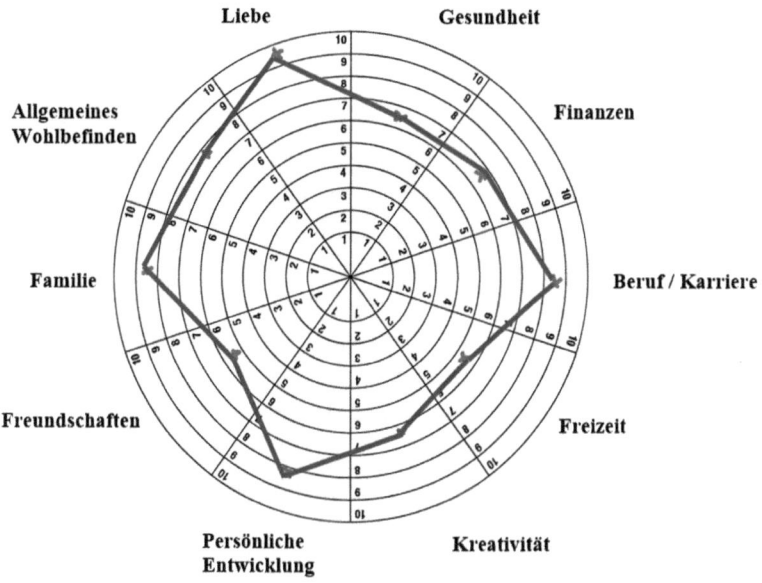

Es geht dabei um mehrere Aspekte. Einmal, um festzustellen, wo du dich selbst in dem jeweiligen Bereich siehst, zum anderen aber ist es ein Ansporn, in welchen Bereichen du aus deiner ganz persönlichen Sicht Entwicklungspotenzial siehst beziehungsweise dich entwickeln möchtest. Ganz wichtig: Es gibt kein Richtig und kein Falsch dabei. **Was dich weiterbringt, ist erlaubt!**

Ziel der Arbeit mit dem Lebensrad ist, dass man sein aktuelles Leben greifbar macht. In einer Krise sehen Menschen oft nicht mehr klar und bewerten die Dinge aus einem anderen Blickwinkel als davor und danach. Deshalb ist es hilfreich, diese Übung von Zeit zu Zeit zu machen und sich in einer Krisenphase daran zu erinnern, in welchen Bereichen Dinge auch gut waren (das gilt übrigens ebenso für die Aufzeichnungen aus dem Tagebuch).

Im Anschluss an die Erstellung des Ist-Zustands lässt sich ein zweites Lebensrad erstellen, das einen Zielzustand aufzeigt. Es wäre sicherlich am schönsten, könnte man einfach einen runden Kreis auf Höhe der zehn Punkte ziehen, aber auch bei der Erstellung eines Wunschzustands ist Realismus hilfreich. Hast du Defizite in den Finanzen, markiere dir diesen Skalenwert und überlege, was du als Nächstes tun kannst, um einen Punkt besser zu werden. Das mag klein klingen, wo Coaches doch immer sagen „Denke groß, no limits, tschakka", aber wie du mittlerweile gelesen hast, findet Veränderung in kleinen Schritten auf dem Weg zur großen Veränderung statt.

Das soll heißen: Du darfst natürlich groß denken und dich in einem Optimum sehen, gleichzeitig möchtest du aber auch dabei erfolgreich sein. Durch kleine Schritte (Punkte) auf der Skala erhöhst du diese Wahrscheinlichkeit. Probiere es aus: Nimm dir direkt einen Zettel, male es schnell auf und du wirst erstaunt sein, was es mit dir macht, wenn du dir diese Themen einmal bewusst machst.

Erstelle eine Löffelliste

„Da ist sie ja doch!" Ja, da ist sie. Ich persönlich habe eine und ich habe auch schon einige Punkte davon abgehakt, manche rausgestrichen und neue hinzugefügt. Die im Amerikanischen genannte „Bucket List" ist ein schöner roter Faden durch die Challenges im Leben. Man muss nicht alles im Leben planen und auch diese Liste ist lediglich ein Vorschlag, sie einmal zu erstellen. Was möchtest du in deinem Leben erlebt haben? Welche Träume möchtest du dir erfüllen, welche Orte sehen?

Dabei ist es völlig egal, wie alt du bist, es gibt keine Denkverbote und keine Hindernisse beim Erstellen dieser Liste. Schreibe nacheinander auf, was du erleben möchtest, und schreibe es so auf, wie es sich für dich am besten anfühlt. Einer der schönsten Filme zu diesem Thema war „Das Beste kommt zum Schluss" mit Jack Nicolson und Morgan Freeman. Beide haben in ihren Rollen unheilbare Krankheiten und werden eher unfreiwillig zusammen im gleichen Krankenhauszimmer behandelt. Im Laufe des Films freunden sie sich an und erstellen gemeinsam besagte Liste, die sie im weiteren Verlauf mit allerlei Spaß, aber auch Hürden abarbeiten.

Der Film verdeutlicht, natürlich à la Hollywood, dass es völlig egal ist, in welchem Alter und in welchem Zustand man diese Liste erstellt. Mache dir eine Liste und du wirst merken, dass dir klar wird, was dir im Leben wichtig ist und welche Wünsche du hast. Von Zeit zu Zeit rücken diese vielleicht in den Hintergrund, aber du kannst dir ja einen Merker in deinen Kalender machen, der dich einmal im Jahr daran erinnert, mal wieder einen Blick darauf zu werfen. Ich mache das traditionell am Jahresende und schaue, was ich im zurückliegenden Jahr davon erledigt habe.

Ein Punkt auf dieser Liste war die Fertigstellung eines Buches, das anderen Menschen eine Hilfestellung bei der Bewältigung von Problemstellungen ist. Inspiriert war ich durch Coachingliteratur (Adam Jackson, Richard Wiseman, Petra Bock und einige andere) und Literatur zu psychologischen Themen aus dem Studium. Im Jahr 2008 habe ich diesen Punkt erstmals auf meine Bucket List geschrieben und das Buch hatte den Titel „ModUs", was so viel wie „Modifikation der Umstände" bedeuten sollte. Weder der Gedanke noch der Punkt auf der Liste ließen mich los und deshalb hältst du heute dieses Buch in den Händen. Der Titel ist anders, die Inhalte teilweise anders als damals angedacht. Pläne können sich ändern, einzelne Ziele angepasst oder auch weggelassen werden.

Wenn dich aber das große Ziel nicht loslässt, tu es einfach und fange an. Andere Dinge habe ich ersatzlos gestrichen, wie etwa ein eigenes Linux-System herauszubringen. Damals, Anfang der 2000er Jahre fand ich es lustig, im Laufe der Zeit war mir klar, dass ich nicht die Motivation aufbringen werde, mir die nötigen Programmierkenntnisse anzueignen. So wichtig war es mir dann doch nicht.

Probiere es gerne einmal aus. Lasse es aber auch einfach sein, wenn du das Gefühl hast, so eine offene To-do-Liste stresst dich unnötig und du musst dauernd daran denken, wie viele Punkte davon noch offen sind. Es soll etwas sein, dass dich bei der Stange hält und dich nicht von ihr abwirft.

Deine Trauerrede

Eine zunächst etwas makaber anmutende, aber sehr effektive Übung. Entgegen der Auffassung, eine Trauerrede würde den Tod zum Gegenstand haben, hat sie das Leben im Fokus. Diese durchaus anspruchsvolle Coachingübung wirkt zwar zunächst bedrückend, ist jedoch nichts anderes, als vom Endpunkt aus rückwärts zu gehen. Was im Projektmanagement eine gängige Methode ist, nämlich „vom Ende aus rückwärts zu denken", funktioniert auch mit dem eigenen Leben. Eine der wichtigsten Fragen dabei ist:

Was möchte ich, das ein anderer bei meiner Beerdigung über mein Leben sagt?

In dieser Frage steckt sowohl die Reflexion über das zurückliegende Leben als auch die Vorwegnahme eines zukünftigen Lebensentwurfs. Dabei hilft es sehr gut, wenn du schon die eine oder andere Übung aus Kapitel IV gemacht hast, wie unter anderem Tagebuch zu schreiben und dir deine Beziehungen anzusehen. **Mit wem möchtest du dich ausgesöhnt haben? Mit wem möchtest du viel Zeit verbracht haben? Was möchtest du noch erreicht und gesehen haben an deinem Lebensende (Stichwort Löffelliste)?**

Wenn du dir diese Fragen beantwortet hast, kannst du mit deiner Trauerrede beginnen. Ganz klassisch mit Einleitung, Hauptteil und Schluss. Dabei geht es im ersten Schritt weder um grammatikalische Korrektheit noch um eine angemessene Aneinanderreihung aller Lebensereignisse. Notiere die großen Meilensteine und Highlights, die du bereits erlebt hast, und jene, die du noch erleben möchtest, in der Vergangenheitsform. So, dass du am Ende sagen kannst: „Das war ein ziemlich cooles Leben, danke." Es wird dich überraschen, wie selten darin das tolle dicke Auto, das du im Leben gefahren haben wirst, auftaucht oder die zwanzig High-End-Tablets, die du besessen hast. Vielmehr tauchen die Meilensteine des Lebens auf, wie die Entscheidung für einen Wohnort, das Finden eines Partners oder die Familiengründung.

Diese Rede macht dir klar, wer und was dir im Leben wirklich wichtig ist, welche Teile deiner Bucket List du unbedingt erleben möchtest und wo du die wichtigsten Meilensteine auf dem Weg zum „Projektende" siehst.

Neun Punkte auf dem Weg zu dir selbst

Unabhängig davon, welche Übungen und Vorgehensweisen des Buches du für dich nutzt, ist es stets hilfreich, folgende **neun Punkte** zu beherzigen:

1. **Erlaube dir, dich schlecht zu fühlen**
   Viele Menschen haben es verlernt, negative Gefühle auszuhalten und vor allem zuzulassen. Schnelle Ablenkungen in Form von Serien und Social Media schaffen zwar kurzfristige Entlastung, aber Gefühle wollen raus. Gibst du ihnen keine Gelegenheit, wird sich das in anderer Weise zeigen. Das kann durch aggressives oder passiv-aggressives Verhalten gegenüber deinen Mitmenschen oder aber gegen dich selbst in Form von selbstverletzendem Verhalten sowie Suchtmittelmissbrauch sein. Erlaube dir, die aufkommenden Gefühle zuzulassen, und arbeite mit ihnen. So lernst du dich selbst kennen und du lernst, dich in den Griff zu bekommen für Situationen, in denen du sonst angespannt bist.

2. **Verlasse bewusst die Opferrolle**
   Es passiert sehr schnell, dass sich jemand als Opfer der Umstände oder anderer Menschen sieht und dabei in Selbst-

mitleid badet. Größter Nachteil dabei: Du gibst anderen Personen und den Umständen die Macht über deine Emotionen. Erst wenn du dich aktiv gegen die Rolle als Opfer stellst, kannst du auch aktiv handeln und Verantwortung für dich, den weiteren Verlauf der Krise und dein Leben übernehmen.

3. Formuliere positiv

Die Denkarbeit beim Sprechen ist herausfordernder, als man für gewöhnlich meinen könnte. Immerhin kann man einfach so drauflos reden und die Worte kommen heraus. Einer der Gründe, warum Menschen vorwiegend negativ formulieren, liegt genau in der Reflexion der eigenen Sprache. Sagt jemand zum Beispiel: „Ich lass mich von dir nicht ärgern", bleibt beim Hörer das Wort „ärgern" im Gedächtnis haften.

Ein paar weitere Beispiele:

Negative Formulierung	Das bleibt beim Empfänger hängen
Ich will mich nicht aufregen.	aufregen
Sei bitte nicht immer so laut.	laut sein
Denk bitte nicht an einen rosa Elefanten.	rosa Elefant

Diese Nicht-Formulierungen haben zum Ziel, schnell das auszudrücken, was wir eben nicht haben wollen. Gerade das letzte Beispiel zeigt jedoch, dass genau das Gegenteil passiert. Es sei denn, du hast ganz sicher nicht an einen rosa Elefanten gedacht! Formuliere positiv und sowohl der Empfänger der Botschaft als auch du haben Klarheit:

Negative Formulierung	Positive Formulierung
Ich will mich nicht aufregen.	Ich will in Situation X gelassen sein.
Sei bitte nicht immer so laut.	Sei bitte etwas leiser.
Denk bitte nicht an einen rosa Elefanten.	Denk an die vielen Tiere im Zoo.

Es ist deshalb sinnvoll, so zu formulieren, weil du andere Menschen besser erreichst und unmissverständlich kommunizierst. Du erreichst aber auch dich selbst besser, wenn du für dich Affirmationen formulierst oder Ziele definierst. Eine positive Formulierung führt dich zu dem, was du möchtest, nicht zu dem, was du nicht möchtest.

4. Nimm Abstand von den Zuschreibungen anderer

Die Angst vor der Meinung anderer Menschen und deren Kritik kann so weit gehen, dass es krankhaft wird: Diagnose „Allodoxaphobie". In der psychologischen Diagnostik geht man davon aus, dass psychische Gewalt in Form von Abwertungen im frühen Kindesalter die Ursache sein können. Aber auch fernab dieser Erkrankung haben sehr viele Menschen Angst vor der Meinung anderer Menschen. Von ihnen kommen so viele Bewertungen, Zuschreibungen und kritische Äußerungen und so wenige treffen dich als Person im Kern.

Tritt jemand selbstbewusst auf, ist er ein Narzisst. Sagt jemand selten etwas, ist er ein introvertierter Duckmäuser. Kann jemand gut reden, ist er ein Dampfplauderer. Hat jemand eine kontroverse Meinung zu einem Thema, nimmt er sich zu wichtig und so weiter. Du wirst für irgendwen immer irgendwas „zu sehr" sein. Es wäre vermessen zu sagen: „Ignoriere das", denn niemand kann persönliche Angriffe einfach so ignorieren. Ich empfehle eher, solche Aussagen zur Kenntnis und innerlich Abstand davon zu nehmen, denn diese Themen haben viel mehr mit der zuschreibenden Person zu tun als mit dir selbst. **„Er oder sie darf das gerne denken und eine eigene Meinung über mich haben, ich selbst habe eine andere",** kann dann ein positiv formulierter Satz von dir für dich sein.

5. **Erinnere dich stets daran, dass die Dinge Zeit brauchen**
Eine positive Entwicklung braucht Zeit. Selbst wenn du einen Hypnosecoach wie Jan Becker hast, der mit dir unliebsame Gewohnheiten durchaus in wenigen Minuten bearbeiten kann, benötigst du eine gewisse Zeit danach, in der du dein Verhalten anpasst. So gibt es auch im NLP sehr effektive Techniken, um zum Beispiel ein bestimmtes Verhalten wie etwa Rauchen schnell zu beenden. Ist der Wunsch eines Coachees jedoch nicht zu hundert Prozent da und fehlt ihm oder ihr nach dem Coaching das Gesellige, der soziale Anteil an diesem Verhalten, wird derjenige wahrscheinlich wieder zur Zigarette greifen. Auch deshalb fangen Patienten nach einem Herzinfarkt wieder mit dem Rauchen an. Sobald der erste Schock überwunden ist und der „Weckruf" vorüber, kommt auch das frühere Verhalten wieder. Die Glaubenssätze und Verhaltensmuster wurden der neuen Realität nicht angepasst.

Die Dinge brauchen also Zeit, weil es stets eine Kombination aus dem Löschen von altem Verhalten, Einüben neuen Verhaltens und Anpassung des mentalen Überbaus in Form von Glaubenssätzen ist, die nachhaltige Veränderung möglich machen. Gib dir für die kleinen Schritte ein paar Tage Zeit, für die größeren ein paar Monate und für die ganz großen ein paar Jahre. Man unterschätzt, was man in zehn Jahren alles schaffen kann, und überschätzt, was man in einem Jahr schaffen kann (Achtung: den letzten Satz liest du in noch zwölf anderen Coaching-Büchern).

6. Gehe freundlich mit dir um

Wie stellst du dir den idealen besten Freund oder die Freundin vor? Meist wünschen wir uns jemanden, der uns in irgendeiner Weise ähnlich ist, ähnliche Werte hat und unsere Interessen teilt. Jemanden, der uns anfeuert und auf die Schulter klopft, wenn wir etwas gewuppt haben, und uns sagt, wenn wir in die falsche Richtung laufen. Und auch jemanden, der ein gewisses Mitgefühl mit einem hat. Aber generell jemanden, der dich so akzeptiert, wie du bist, mit allen „Special Effects".

Obwohl dieser Punkt dem Zitat von Martin Buber „Der Mensch wird am Du zum Ich" hier widerspricht, so kannst du auch selbst dein bester Freund sein. Kristin Neff, Professorin für Psychologie und Persönlichkeitsentwicklung, fand bei ihren Forschungen im Buddhismus den Begriff des Selbstmitgefühls, das sie als einen Schlüssel für persönliche Zufriedenheit beschreibt. Abgrenzend vom Selbstmitleid, das in Schleifen negativer Gedanken führt, heißt es beim Selbstmitgefühl, sich selbst ein guter Freund zu sein und sich gegenüber mit Güte und Gelassenheit zu begegnen, wenn einmal etwas nicht so funktioniert hat, wie es hätte funktionieren sollen. Egal ob es sich um eine schlechte Klausurnote handelt oder einen Job, den man nicht bekommen hat. Was würde ein guter Freund sagen? Wahrscheinlich so etwas wie: „Macht nichts, die wissen nicht, was sie verpassen, wenn sie dich nicht nehmen." Das kannst du genauso gut zu dir selbst sagen. Stattdessen machen sich die einen Vorwürfe über ihre eigene Unfähigkeit und ergeben sich dem Selbstmitleid mit dem verstärkenden negativen Glaubenssatz „Das ist halt immer so", und die anderen meiden in Zukunft derartige Situationen, was letzlich ebenfalls in negative Ergebnisse führt.

Denke gerne in Situationen, in denen du dich selbst fertig machst, an das Selbstmitgefühl und stelle dir die Frage: „Was würde ich mir als mein bester Freund jetzt sagen?", und du wirst sehen, deine Art zu denken wird sich ändern.

7. Besinne dich auf dich selbst und ignoriere die „Nein-Sager"

Wenn du dir nach einer Krise, sei es eine Jobkrise, eine Sinn- oder Beziehungskrise, einen Plan für die Zukunft machst, erzähle so wenigen Menschen wie möglich davon. Es gibt leider auch im engsten Familien- und Freundeskreis zu viele Nein-Sager. Menschen, die alles schlecht reden und dich scheitern sehen wollen, weil sie sich dann selbst in einem besseren Licht sehen. Andere gönnen dir einfach nichts oder haben ohnehin eine negative Grundhaltung zu allem.

Ignoriere diese Art Nein-Sager konsequent und höre auf diejenigen, die Vorschläge machen, Empfehlungen geben und dich nicht in eine Richtung drängen. Das sind jene, die dir wirklich helfen wollen. Es gibt eine Gruppe von Nein-Sagern, die es nicht per se schlecht mit dir meinen und dich eher vor dem vermeintlichen Scheitern bewahren wollen. Wohlwollende Personen wie deine Mutter oder dein Vater, deine beste Freundin oder deine Schwester, die selbst Angst hätten, bei einem neuen Unterfangen auf die Nase zu fallen, und ihre Gedanken auf dich übertragen. Begegne ihnen mit Wertschätzung, bedanke dich für ihre Annahmen und gehe deinen Weg, wenn es sich für dich stimmig anfühlt.

8. Kümmere dich um deinen Körper

„Mens sana in corpore sano" aus dem Lateinischen bedeutet so viel wie „ein gesunder Geist in gesundem Körper" und ist eine gute Beschreibung für die Notwendigkeit, seinem Körper Aufmerksamkeit im Hinblick auf mehrere Aspekte wie Stress, negative Erlebnisse, allgemeine Aktivität, Ernährung und Schlaf zu schenken. In der Psychosomatik werden Erkrankungen behandelt, für die Ärzte keine eindeutigen körperlichen (somatischen) Ursachen finden. Bei unklaren Leiden wirken sich dann vor allem psychische und soziale Faktoren wie Konflikte, Stress oder Depressionen derart auf den Körper aus, dass sie entweder als unspezifische Schmerzen wahrgenommen werden, sich in Form von Magen-Darm-Beschwerden oder auch in andauernder Erschöpfung zeigen.

Was heute jeder aus Zeitschriften, die beim Friseur ausliegen, weiß, ignorieren doch recht viele. So ist regelmäßiges, langes Sitzen heute eine neue Gefahr für den Körper, die mit der des Rauchens verglichen wird. Diabetes und körperstatische Gebrechen nehmen aufgrund von schlechter Ernährung und Übergewicht zu und bei den Kindern ist bereits jedes fünfte übergewichtig.

Sport ist kein Allheilmittel, es ist jedoch eine gute Prävention für diese Themen. Regelmäßige Bewegung fördert neben den rein körperlich positiven Aspekten wie normalem Blutdruck und einer gewissen Kondition auch das allgemeine Wohlbefinden. Ausgedehnte Spaziergänge an der frischen Luft und bei Tageslicht, gesunde Ernährung und ein regelmäßiger Schlaf-Wach-Rhythmus führen zu einer besseren psychischen und körperlichen Verfassung. Mit diesen einfachen Handlungen lässt sich vergleichsweise einfach dein Befinden deutlich verbessern. Wer es nicht angeht, hat sich vielleicht schon aufgegeben, aber der erste Schritt ist der wichtigste. Er ebnet den weiteren Weg und wenn du dranbleibst, wird da etwas Gutes draus.

9. Erinnere dich stets daran: Du bist viel stärker, als du in der Krise denkst

„Wenn Leben überhaupt einen Sinn hat,
muss auch Leiden einen Sinn haben.
Es kommt nicht darauf an, was man leidet,
sondern wie man es auf sich nimmt."
Viktor Frankl (Österreichischer Neurologe und Psychiater)

Dieses „Da wird etwas Gutes draus" hilft dir im Verlauf einer Krise nicht immer. Dann ist es ratsam, sich daran zu erinnern, dass ein Mensch eine ganze Menge an Strapazen aushalten kann, bevor er bricht. Zwar wollte ich an dieser Stelle Viktor

Frankl erst nicht bemühen, weil er in zahlreicher Literatur auftaucht, aber seine Geschichte macht die Möglichkeiten für noch so ausweglose Situationen gut greifbar. Frankl war noch vor Maslow und ohnehin vor Seligmann ein Vordenker positiven Denkens schlechthin. Wenn man sich seine scheinbar ausweglose Geschichte einmal ansieht, wird schnell klar, der Mensch kann in seinem Geist alles, wenn er seine Denkweise anpasst. Frankl und seine Frau mussten zur Zeit des Nationalsozialismus wegen ihrer jüdischen Herkunft erst ihr Kind abtreiben, dann verlor er seine Eltern an die Nazis, dann seinen Bruder und seine Frau. Schließlich wurde er selbst im Konzentrationslager gefoltert und erwartete seinen baldigen Tod.

Während seines Aufenthalts dort beschreibt Frankl in seinem Buch „Trotzdem Ja zum Leben sagen", wie er die Grausamkeiten wahrgenommen hat, auch die seiner Mithäftlinge, die noch grausamer waren, wenn sie selbst als Aufsichtspersonal berufen wurden. Er machte weiter aus, dass jene, die einen geliebten Menschen wiederzusehen hofften, größere Chancen auf ein Überleben hatten als jene, die sich aufgaben. Und für Frankl selbst war die Motivation, positiv gestimmt zu bleiben, über genau diese Erfahrungen in Zukunft dozieren und schreiben zu dürfen. Sein Fazit war also, das Leben muss auch dann noch einen Sinn ergeben, wenn es scheinbar keinen Sinn mehr ergibt.

Er hat für sich einen Weg gefunden, mit der Situation umzugehen. Gleichwohl darf an dieser Stelle nicht unerwähnt bleiben, dass er zu diesem Zeitpunkt bereits ausgebildeter Psychiater war und durchaus mit der menschlichen Psyche umzugehen wusste. Nun brauchst du dich nicht direkt für Medizin einschreiben und Psychiatrie als Hauptfach wählen, um dich nach einer Krise neu aufzustellen. Wenn es dir aber wirklich dreckig geht und du glaubst, keinen Ausweg zu finden, erinnere dich an Frankl, erinnere dich an deine eigenen Krisen, die du gemeistert hast, und gehe deinen eigenen Weg raus aus dem Tal.

Dein neues Ich

Deinen eigenen Weg zu gehen, kann auch bedeuten, Menschen und Themen hinter sich zu lassen, die bis dahin Teil deines Lebens waren. Manche gehen die neuen Wege mit, andere lässt du zurück. Ich nenne so etwas einen gesunden Egoismus, der heute oft fälschlicherweise als Narzissmus gedeutet wird. Ein gesunder Egoismus bedeutet nicht, rücksichtslos durchs Leben zu gehen und andere zu seinem Vorteil auszubeuten oder zu manipulieren. Es heißt lediglich, sich selbst zu berücksichtigen, auch wenn man für andere da, hilfsbereit und ein Gönner ist. Es bedeutet aber auch, sich selbstbestimmt zu entwickeln sowie sich zu verändern, was durchaus einen hohen Preis haben kann.

Denn allzu oft hat das eigene soziale Umfeld die größten Bedenken und scheut sich vor der Veränderung einer nahestehenden Person. Nicht, weil sie dich nicht lieben, sondern weil sie Angst haben, den Menschen zu verlieren, den sie so, wie er bisher war, liebten. Deswegen haben so viele Konflikte ihren Ursprung in der Liebe oder auch in der engen Freundschaft. Der Schmerz, den anderen zu verlieren, weil er oder sie wegziehen wird oder eine andere Ausbildung macht, das Unternehmen verlässt oder sich mit seinem Hobby anderweitig orientiert, ist einfacher zu ertragen, wenn man in die Konfrontation geht oder sich zurückzieht.

In unserer Gesellschaft ist es (vielleicht gerade unter Männern?) nicht üblich, sich zu sagen: „Du fehlst mir", und so kommt die berühmte Abwertung zum Tragen, die über den Schmerz hinwegtrösten soll („Wird schon sehen, was er/sie davon hat. Kennt dort niemanden und sein/ihr Studium ist auch fürs Arbeitsamt"). Setze auch hier gerne Beispiele ein, die dir vertraut sind.

So tun persönliche Veränderungen nicht nur einem selbst, sondern manchmal auch anderen weh. Manches davon wird man aushalten müssen, wenn man persönlich wachsen möchte. Andererseits kommt es auch darauf an, wie das eigene Umfeld auf Veränderungen reagiert. Auch sie verändern sich und so ist umgekehrt auch die Frage erlaubt, ob das für dich stets angenehm war.

Wie auch immer du und dein Umfeld mit deinem neuen Ich umgehen, gibt es einen Wendepunkt in deinem Leben, der zwei Punkte markiert. Ein Leben vor der Krise und ein Leben nach der Krise. Letzteres ist das, auf das wir uns im Verlauf dieses Buches konzentriert haben und worauf du deine Zukunftsperspektiven aufbauen kannst.

Gib dir Zeit, sei dir selbst ein guter Freund, lasse dich nicht auf negative Vergleiche ein und sei deinem Umfeld gegenüber wertschätzend, wenn es ihnen selbst nicht so gut geht. Sobald sich dein Denken in eine positivere Richtung entwickelt, wirst du merken, dass sich alles um dich herum zum Positiven verändert. Obwohl nach wie vor auch unschöne Dinge in der Welt und um dich herum passieren, so wirst du merken, dass dein Blick darauf ein anderer sein wird. Arbeite an dir und deinen Herausforderungen, tue dir selbst immer wieder etwas Gutes und fordere dich selbst heraus.

Gib dir einmal im Monat einen Powertag. Nutze gerne eine Kombination der hier vorgestellten Empfehlungen und Vorschläge oder entwickle deinen eigenen Plan. Er könnte zum Beispiel so aussehen:

- Morgens nach dem Aufstehen ein Glas warmes Wasser trinken.
- Anschließend eine kleine Runde joggen oder schnelles Spazierengehen (Wenn du einen Hund hast und das täglich machst, gehe eine größere Runde oder mache direkt danach eine kleine Sporteinheit) oder auch Krafttraining. Was dir an sportlicher Aktivität am nächsten ist.
- Danach eine geführte Meditation oder progressive Muskelentspannung.
- Festlegen einer positiven Affirmation für den Tag, zum Beispiel „Ich verdiene es, glücklich zu sein". Sage sie dir den ganzen Tag hindurch immer wieder. Damit du sie nicht vergisst, kannst du dir überall Zettel hin kleben oder Erinnerungen mit der Formulierung ins Handy einspeichern.
- Ausgedehnt duschen.

- Keine oder nur wenig Bildschirmzeit, stattdessen Lesen von Literatur zu persönlichem Wachstum oder was du gerne liest.
- Ein schöner Ausflug zu einem Ort, der dir Kraft gibt und dich entspannt (vielleicht eine gute Kombination für einen weiteren Spaziergang?).
- Gesundes Essen zu den Mahlzeiten. Ich erspare dir eine Predigt, was gesundes Essen ist. Erstens gibt es tausende Bücher und Webseiten zum Thema und zweitens musst du es auch nicht übertreiben. Essen darf auch ein bisschen Freude machen, finde ich.
- Abends Notieren des zurückliegenden Tages: Schreibe wahlweise ganz frei deinen Tag auf oder nutze gerne auch die unter Kapitel IV genannte Übersicht als Orientierung.

So ein Tag hat mehrere positive Effekte. Du gibst dir selbst eine Herausforderung und brichst aus deinen Routinen aus. Dein Selbstwert und dein Wohlbefinden steigen und du wirst am Ende des Tages stolz auf dich sein, wenn du deine Erfolge notierst, und noch viel wichtiger: Du wirst dich auf das nächste Mal freuen, weil es ein besonderes Ereignis ist, bei dem du etwas für dich tust und nur für dich. Und vielleicht findest du in dem Tag etwas, das du in deine anderen Tage übernehmen möchtest, wie etwa die positive Affirmation oder einfach mehr Motivation für dich und dein Leben. Viel Spaß!

Outro: Schlusswort

Wow, ich kann kaum glauben, dass es schon zu Ende sein soll. Dieses Buch hätte persönlicher nicht sein können. So vieles fiel mir beim Korrekturlesen noch ein, das ich gerne hinzugefügt hätte, aber es sollte kein 500-Seiten-Schinken werden. Manches ging mir leicht von der Hand, andere Passagen brauchten Wochen oder sogar Monate, bis ich sie fertigstellte. Und nun freue ich mich, wenn du dadurch dich selbst, aber auch andere Menschen besser verstehst und für dich eine Hilfestellung für die weniger schönen Zeiten im Leben hast.

Bedenke bei der Bewertung deines Lebens immer wieder neu, was für dich wirklich zählt. Niemand wird an deinem Grab stehen und sagen „Der hatte mal ein tolles Auto", niemand wird dich in Erinnerung behalten, weil du immer die schönsten Excel-Tabellen erstellt hast und keiner von euch wird sagen „Wäre ich mal öfter zur Arbeit gegangen". Am Ende zählen die langen Nächte mit Freunden, scheinbar nicht endende Abende am Lagerfeuer und die Zeit mit der Familie. Es sind die Momente, die man mit anderen Menschen verbringen konnte und wie oft bereuen es Sterbende doch, dass sie den Liebsten in ihrem Leben nicht mehr Zeit widmen konnten.

Zum Schluss möchte ich mich ganz herzlich bei dir bedanken, dass du mir die Zeit geschenkt hast, diese Zeilen zu lesen. Ich wünsche dir von Herzen, dass du deinen Weg findest, mit deinen Krisen umgehen zu können, dich an einem schlechten Tag an die vielen guten in deinem Leben erinnerst, eine Handvoll Menschen in deinem Leben hast, die dir Halt geben, und stets den richtigen Soundtrack. Rock Happy!

Danke,
Ben

Verwendete Literatur

Brandstätter, J. & Lindenberger, U. (2007):
Entwicklungspsychologie der Lebensspanne. Stuttgart: Kohlhammer.

Bäumler, R. & Maiwald, A. (2008): Onkologische Pflege.
Stuttgart: Georg Thieme.

Blohm, W. (2006): Selbsthypnose und Hypnotherapie:
Neue Wege bei Ängsten, Schmerzen, Stress und Depressionen.
München: MVG.

Bock, P. (2011): Mindfuck: Warum wir uns selbst sabotieren
und was wir dagegen tun können. München: Knaur.

Bock, P. (2015): Mindfuck Job: So beenden Sie Selbstblockaden und entfalten Ihr volles berufliches Potenzial. München:
Knaur.

Caplan, G. (1964): Principles of preventive psychiatry.
New York/London: Basic Books

Charlier, S. (2001): Grundlagen der Psychologie, Soziologie
und Pädagogik. Stuttgart: Georg Thieme.

Cullberg, J. (1978): Krisen und Krisentherapie.
Psychiatrische Praxis 5: 25 – 34. Stuttgart: Georg Thieme.

Dannemeyer, R. & Dannemeyer, P. (2016):
NLP-Practitioner-Lehrbuch: Potenziale entfalten mit
Neurolinguistischem Programmieren. Paderborn: Junfermann.

Dross, M. (2001): Kriseninterventiоn. Göttingen, Bern, Toronto, Seattle: Hogrefe.

Diamantidis, T. (2004): Den Krebs bewältigen und einfach wieder leben. Stuttgart: Trias.

Dilts, R. (1994): Die Veränderung von Glaubenssystemen: NLP Glaubensarbeit. Paderborn: Junfermann.

Dilts, R. (2016): Die Magie der Sprache: Sleight of Mouth. Angewandtes NLP. Paderborn: Junfermann.

Ekert, B. & Ekert, C. (2011): Psychologie für Pflegeberufe. Stuttgart: Georg-Thieme.

Erhardt, W. & Schneider, T. (2012): Erlebe Deine Kraft: Lass Dein Unterbewusstsein für Dich arbeiten und erreiche alle Deine Ziele. München: Südwest.

Filipp, S.-H. (1995): Kritische Lebensereignisse. Weinheim: Beltz PVU.

Fooken, I. & Zinnecker, J. (2009): Trauma und Resilienz. Chancen und Risiken lebensgeschichtlicher Bewältigung von belasteten Kindheiten. Weinheim & München: Juventa.

Fröhlich-Gildhoff, K. & Rönnau-Böse, M. (2011): Resilienz. München: Ernst-Reinhardt.

Grzeskowitz, I. (2014): Die Veränderungs-Formel: Aus Problemen Chancen machen. Offenbach: Gabal.

Kunz, S. et al. (2009): Krisenintervention. Ein fallorientiertes Arbeitsbuch. Weinheim: Juventa.

Kunz, S., Scheuermann, U. & Schürmann, I. (2009):
Krisenintervention. Ein fallorientiertes Arbeitsbuch.
Stuttgart: Kohlhammer.

Kübler-Ross, E. (1971): Interviews mit Sterbenden.
Stuttgart: Kreuz.

Kübler-Ross, E. & Kessler, D. (2006): Dem Leben neu
vertrauen. Den Sinn des Trauerns durch fünf Stadien des
Verlusts finden. Stuttgart: Kreuz.

Langenmayr, A. (1999): Trauerbegleitung. Beratung –
Therapie – Fortbildung. Göttingen: Vandenhoeck & Ruprecht.

Marx, S. (2015): Das große Buch der Affirmationen: Für alle
Lebenslagen: Gesundheit, Selbstwert, Partnerschaft, Familie,
Beruf, Trauer. Freiburg: VAK.

Miller, T. (2001): Systemtheorie und Soziale Arbeit.
Stuttgart: Lucius & Lucius.

Oritz-Müller, W. (2010): Theorie für die Praxis – Vom
fraglichen Nutzen der Krisenmodelle. In: Oritz-Müller,
W.; Scheuermann, S.; Gahleitner, B. (Hrsg.). Stuttgart: Praxis
Krisenintervention. S. 64–76.

Petzold, H.-G. (2012): Identität. Ein Kernthema moderner
Psychotherapie. Wiesbaden: VS

Prior, M. (2008): MiniMax-Interventionen.
15 Miniinterventionen mit maximaler Wirkung. Heidelberg:
Carl-Auer.

Rosch-Inglehart, M. (1988): Kritische Lebensereignisse.
Eine sozialpsychologische Analyse. Stuttgart: Kohlhammer.

Rupp, M. (2003): Notfall Seele: Ambulante Notfall- und Krisenintervention in der Psychiatrie und Psychotherapie. Stuttgart: Georg-Thieme.

Sammer, U. (2010): Verlust, Trauer und neue Freude: Wie Abschiednehmen gelingt. Stuttgart: Klett-Cotta.

Schlippe, A. v. & Schweitzer, J. (2012): Lehrbuch der systemischen Therapie und Beratung I. Das Grundlagenwissen. Göttingen: Vandenhoeck & Ruprecht.

Schuchhardt, E. (2006): Warum gerade ich? Leben lernen in Krisen. Göttingen: Vandenhoeck & Ruprecht.

Schweppe, R. & Schwarz, A. (2009): NLP Praxis: Neurolinguistisches Programmieren – die besten Techniken und Übungen für die optimale Kommunikation. München: Südwest.

Senf et al. (2013): Techniken der Psychotherapie – Ein methodenübergreifendes Kompendium. Stuttgart: Georg Thieme.

Sonneck, G. et al. (2012): Krisenintervention und Suizidverhütung. Salzburg: UTB/Facultas.

Stein, C. (2009): Spannungsfelder der Krisenintervention. Ein Handbuch für die psychosoziale Praxis. Stuttgart: Kohlhammer.

Steinbach, M.-A. (2006) (Hrsg.): Handbuch psychologische Beratung. Stuttgart: Klett-Cotta.

Stritzelberger, R. (2020): Selbstmotivation: Wie Sie dauerhaft leistungsfähig bleiben. Freiburg: Haufe.

Till, W. (2004): Kriseninterventi on oder Beziehung gibt
Halt. In: Hochgerner, M. et al. (2004) (Hrsg.):
Gestalttherapie. Wien: facultas.

Wellensiek, S.-K. (2011): Handbuch Resilienz-Training.
Weinheim & Basel: Beltz.

Widulle, W. (2012): Gesprächsführung in der
Sozialen Arbeit: Grundlagen und Gestaltungshilfen.
Berlin: Springer.

Wustmann, C. (2004): Resilienz. Widerstandsfähigkeit von
Kindern in Tageseinrichtungen fördern.
Weinheim & Basel: Beltz.

Zander, M. (2011): Handbuch Resilienzförderung.
Wiesbaden: VS.

Der Autor

Benjamin Rahn, geboren 1980 in Nordbayern,
begann seine berufliche Laufbahn mit einer kauf-
männischen Ausbildung im Elektronik-Handel. Mit
Mitte zwanzig entschied er sich zu einem Neustart
und nahm ein pädagogisches Studium auf. Seine
neuen Kenntnisse und das vorhandene wirtschaftliche Knowhow waren die perfekte Kombination für
seine anschließende Tätigkeit in einer Inklusionsfirma, in der er bis zum Geschäftsführer aufstieg
und geschäftsführender Vorstand beim übergeord-
neten Träger wurde. Obwohl Benjamin Rahn sich
beruflich immer auf Management-Schwerpunkte
fokussierte, interessierte ihn stets auch die menschliche Psyche. Nach Weiterbildungen im Bereich
„NLP und systemisches Coaching", akademischer
Tätigkeit und der Veröffentlichung von Fachtexten
hielt er Seminare zu Krisen und Krisenbearbeitung,
Kernthemen seines aktuellen Buchs, welchen er zu
mehr Öffentlichkeit verhelfen möchte.